D1705998

Thomas Ripke
Sprechzimmergeschichten

P H
V

Thomas Ripke

Sprechzimmergeschichten

Heilsame Momente

Peter Hammer Verlag

Die Deutsche Bibliothek · CIP-Einheitsaufnahme
Ein Titeldatensatz für die Publikation ist bei
Der Deutschen Bibliothek erhältlich.

© Thomas Ripke
© Peter Hammer Verlag GmbH, Wuppertal 2002
Alle Rechte ausdrücklich vorbehalten
Satz: Data System, Wuppertal
Redaktion: Bernd Henninger, Neckargemünd
Lektorat: Karin Gruß
Umschlaggestaltung: Magdalene Krumbeck
Druck: Clausen & Bosse, Leck
ISBN 3-87294-896-2
www.peter-hammer-verlag.de

Für Lis, my lovely

Inhaltsverzeichnis

Geleitwort
Die Arztpraxis: ein Ort der Lebenskunst!
von Prof. Rolf Verres 9
Vorwort 13
Wem die Zeit gehört 15
Ungehorsam 17
Zwei Herzen 20
Die Verweigerung 22
Ein zweifelhaftes Kompliment 24
Ich gehe, Sie gehen, es geht 26
Der kleine Unterschied 27
Frontenwechsel 30
Eine wahrhaft erfundene Geschichte 33
Der wahre Wahn 35
Ein aufrechter Tod 39
Selbsthilfe 41
Der gute Betrug 43
Das doppelte Rumpelstilzchen 44
Dialektik 46
Das rote Signal 47
Objektive Dokumentation 50
Ich mag nicht mehr 52
Die Kälte 56
Nach fünfzehn Jahren 58
Danke schön 60
Ich wäre es so gerne 61
Spekulationen 64
Alles hat seine Zeit 67
Wie lang ist eine Minute? 73

Leben ohne Gewissheit 74
Ein herzlicher Abschied 75
Eine ganz normale Beziehung 78
Die Weiche ist gestellt 82
»An sich geht's mir gut – ich bin nur krank« 84
Paradox 85
Resonanz 86
Gespür und Technik 88
Ein glücklicher Versprecher 89
Eindringliche Fragen 1 91
Eindringliche Fragen 2 94
Doppelte Bedeutungen 95
Die Macht des Gesprächs 96
Der Handel 97
Herr Kalinor® 98
Du bleibst da 100
Lichtes Dämmern 102
Hilflosigkeit als Hilfe 104
Ich möchte nicht darüber sprechen 106
Merkzettel und Denkzettel 108
Die falsche Methode 111
Wollen wir Freunde bleiben? 113
Hypochonder 114
Sechs Hände 115
Auf Patientenfang 116
Das schnelle Geld 117
Das hält man im Kopf nicht aus 118
Das posthume Geschenk 120
Der Indianerhäuptling 123
Die Blätter der Platanen 124
Tradition 125
A bis Z im Sprechzimmer 126

Geleitwort
Die Arztpraxis: ein Ort der Lebenskunst!

Liest man in diesem Buch des allzu früh verstorbenen und unvergesslichen Heidelberger Allgemeinarztes Dr. Thomas Ripke, wird einem schnell klar, warum dieser ungewöhnliche Arzt bei seinen Patienten, Studierenden, Mitarbeitern und Freunden so beliebt war: Er war ein ungewöhnlich liebevoller Mensch mit viel Gefühl. Aus seinen Sprechzimmergeschichten können wir Anregungen zur Frage gewinnen, was ganzheitliche Medizin ist. Zum einen geht es um die Einheit von Leib und Seele, zum anderen auch um das Spannungsfeld von Krankheit und Gesundheit.

Patienten, die das Sprechzimmer eines Arztes betreten, sind nicht von vornherein und nicht in erster Linie als kranke Wesen wahrzunehmen. Selbst wenn sie dem Arzt belastende Symptome präsentieren, besteht eine vornehme Aufgabe eines guten Arztes immer auch darin, neben den kranken auch die gesunden Anteile und die Lebenskräfte dieser Menschen zu erspüren und diese mit Diagnostik und Therapie zu fördern. Dazu ist nicht Belehrung mit dem erhobenen Zeigefinger angesagt (»Rauchen Sie? Damit sollten Sie sofort aufhören! Sie wissen doch, das ist für Ihr Herz gefährlich...«); denn auch Patienten haben ihre eigenen Theorien über Gesundheit und Krankheit (»Mein Onkel hat auch geraucht, und er wurde 90 Jahre alt!«). Solche subjektiven Theorien von Patienten – hinter denen oft durchaus eine eigenständige und plausible Lebensphilosophie verborgen ist – kann ein Arzt ohnehin nicht so einfach verändern.

Dr. Ripke lässt sich immer wieder auf eine spielerische Weise in die Begegnungen mit seinen Patienten ein. Seine Philosophie ist: Der Patient bleibt der wichtigste Experte der eigenen Lebensführung, und der Arzt kann dem Patienten zwar sein Wissen anbieten, aber die Entscheidungen liegen letztendlich beim Patienten selbst. In der konkreten Beziehung zwischen Patient und Arzt spielen die Gefühle oft eine wichtigere Rolle als das Denken und das Wissen.

Viele Ärzte zeigen ihre eigenen Gefühle nicht, sie verstecken sich hinter ihrem großen Schreibtisch, ihrem weißen Kittel, ihren Apparaten und ihren Fachausdrücken. Es gibt aber auch die Möglichkeit zur ehrlichen Begegnung zwischen Mensch und Mensch, und davon ist in diesem Buch die Rede. Thomas Ripke zeigt, dass es zwischen Arzt und Patient immer um das Leben geht, um Lebenskunst, und so wird die Arztpraxis zu einem Ort, in dem nicht nur Apparate und Laborwerte das Sagen haben und in dem auch nicht nur über Krankheit und Gesundheit geredet wird, sondern in dem ganz konkret miteinander gelebt wird! Jede gelungene Episode in der Beziehung zwischen Patient und Arzt kann, so gesehen, beispielhaft erfahrbar machen, was Lebenskraft ist und worin sich die ärztliche Heilkunst zeigt. So nimmt es nicht wunder, dass bei aller Ernsthaftigkeit auch der Humor zu den wichtigen Elementen der Lebenskunst gehört. Viele Geschichten, die Thomas Ripke erzählt, sind einfach amüsant, und doch haben sie einen Tiefgang, in dem die große Lebenserfahrung des Autors im Umgang mit Leben und Tod, mit Angst und Hoffnung ihren Ausdruck findet.

20 Jahre lang trug Dr. Ripke auch als hochgeschätzter Lehrbeauftragter an der Universität Heidelberg zur medizinpsychologischen Ausbildung junger Ärzte bei. Auch engagierte er sich bei der Fortbildung und Supervision seiner ärztlichen Kollegen und er scheute sich nicht davor, auch die eigenen Probleme von Ärzten, die selber krank wurden, zum Thema von Workshops und Publikationen zu machen. Selbst während seiner eigenen schweren Erkrankung hat er unseren Studierenden die Treue gehalten. Sein Lehrbuch »Patient und Arzt im Dialog«, viele wissenschaftliche Veröffentlichungen in angesehenen Fachzeitschriften und die sehr gute Resonanz bei den Studierenden der Medizin belegen seine hohe Kompetenz als Hochschullehrer. Den Studierenden der Medizin machte er es nicht leicht: Wenn notwendig, konfrontierte er sie konsequent mit ihrer mangelnden Einfühlung und er zeigte ihnen auf, wie man die Fähigkeit zur Einfühlung ganz konkret verbessern kann. Das Buch ist – nicht nur im Hinblick auf die Sprachgewandtheit des Autors – ein bemerkenswertes literarisches Werk. Es ist eine Fundgrube zur Lebenskunst im Angesicht von Krankheit und Bedrohung: für Patienten, für Ärzte und für Studierende der Medizin.

Prof. Dr. med. Dipl. Psych. Rolf Verres
Ärztlicher Direktor der
Abt. Medizinische Psychologie am Klinikum der
Universität Heidelberg

Vorwort

Medizinische Fachzeitschriften sollen Wissenschaft vom Menschen darstellen, aber der Mensch kommt eigentlich selten darin vor. Nur manchmal blitzt das Leben auf: wenn einer der würdevollen Autoren ein Fallbeispiel – eine Kasuistik – einschiebt. »Der 53-jährige Patient stellte sich mit leichtem Aufstoßen und Ziehen in der Magengrube in der Praxis vor ...«. Dann habe ich als Leser immer das leicht prickelnde Gefühl, selbst im Sprechzimmer mit dem Autor des Artikels zu sitzen.

Ich habe in den letzten zwanzig Jahren in meinem Sprechzimmer viele wertvolle und glückliche Begegnungen mit Patienten erlebt, vertraut mit ihnen in einem geräumigen runden Erker an einem runden Tisch sitzend, von Ruhe, Licht und Natur umgeben. Einige dieser Begegnungen, in denen sich der Reichtum der Erfahrungen zeigt, die Menschen in der Arztpraxis miteinander machen können, habe ich in diesem Buch in kleinen Geschichten geschildert.

Alle in den Geschichten erzählten Ereignisse sind in einem Zeitraum von ungefähr drei Jahren wirklich passiert. Die Reihenfolge in dieser Sammlung entspricht meist der tatsächlichen Abfolge im Lauf von ungefähr drei Jahren. Die Namen und andere spezifische Daten der beteiligten Patienten habe ich natürlich geändert.

Diese Geschichten sind gleichermaßen für Patienten wie für Ärzte geschrieben, und überhaupt für alle, denen es Spaß macht, kurze Geschichten aus dem Leben zu lesen.

Heidelberg, am 1. November 2001
Thomas Ripke

Wem die Zeit gehört

Die Patienten bekommen vor der Sprechstunde ein Merkblatt, aus dem hervorgeht, daß sie selbst wählen dürfen, wie lange sie mich konsultieren wollen: zwischen 10 und 30 Minuten Sprechzeit ist alles möglich. Sie »mieten« mich für eine bestimmte Zeit, die ihnen dann zusteht.

Frau Astra, die sich aufgrund langjähriger Erfahrung mit diesem System glänzend darin auskennt, hat heute einen 15-Minuten-Termin. Sie hat zwei schwere chronische Krankheiten, einen Herzklappenfehler und eine Depression, die viele, auch längere Termine immer wieder notwendig gemacht haben. Früher hat sie die Zeit oft überzogen.

Heute erscheint sie mit einem offenbar neuen Schmuck: mit einem weißen länglichen Gebilde, das wie ein Amulett um ihren Hals hängt. Sie setzt sich an den Sprechzimmertisch und drückt ein Knöpfchen an dem Ding. Da fällt bei mir der Groschen: es ist eine Stoppuhr.

In meine Verblüffung hinein sagt Frau Astra zufrieden: »Ach ja, Sie haben das gleich gesehen«, und fügt die Frage an: »Wieviel Zeit geben Sie mir?«

»Fünfzehn Minuten, wie Sie in der Anmeldung ausgemacht haben.«

Nach vierzehn Minuten beendet Frau Astra ihr Thema und stoppt genüsslich ihre Uhr. Ich möchte aber auch noch etwas mit ihr besprechen und sage das Frau Astra. Sie setzt ihre Stoppuhr wieder in Gang, und nach weiteren zwei Minuten und 50 Sekunden ist auch dieses Thema zu unserer beiderseitigen Zufriedenheit erledigt.

»Na, das ist ja kaum eine Zeitüberschreitung«, sagt Frau Astra zufrieden.

Ungehorsam

Wir Ärzte beklagen uns oft darüber, wie unzuverlässig manche Patienten Medikamente einnehmen, die wir ihnen verordnen. Das tun wir so lange, bis wir selber Medikamente nehmen müssen. Dann nehmen wir als Patienten auch nur, was wir wollen, und nicht immer alles, was unsere Ärzte wollen. Diese Unordnung nennen wir Nichtbefolgung unserer Anordnungen oder in der Fachsprache negative Compliance. Uns geht es dabei natürlich um eine optimale Behandlung. Wenn ein Patient die Einnahmevorschriften einhält, handelt es sich um positive Compliance.

Nehmen wir Herrn Sachse. Herr Sachse ist ein schwer herzkranker Patient. Vor einem längeren Aufenthalt in Übersee hat der 70-jährige, sportlich-schlanke und jugendlich wirkende Patient ein bestimmtes Medikament bekommen. Dieses sollte seine Herzrhythmusstörungen bessern. Jetzt, nach anderthalb Monaten, ist er von seiner Reise zurück und kommt zur Nachkontrolle. Herzrhythmusstörungen treten nicht mehr auf und Herr Sachse fühlt sich wohl. Ich bin begeistert, so ein Therapieerfolg tut gut.

»Aber mir ging es nicht gut«, sagt Herr Sachse und die Falten im Gesicht, die er trotz seiner Jugendlichkeit hat, ziehen sich zu einem leisen Lächeln zusammen.

»Ich sollte doch laut Anordnung dreimal eine Kapsel pro Tag nehmen. Da wurde ich müde, saft – und kraftlos, und das Schlimmste: impotent.

Daraufhin habe ich nur noch dreimal eine halbe Kapsel pro Tag eingenommen. Danach erst fing es an, mir so gut zu gehen wie heute.«

Oder wir sehen uns den Fall von Frau Lind an.

Frau Lind ist Krankenschwester. Sie bekommt wegen einer Schilddrüsenüberfunktion ein Medikament, das die Hormonproduktion drosselt, damit ein normaler Hormonspiegel im Körper entsteht.

Nach dem Erreichen normaler Werte vermindere ich, wie es im Lehrbuch steht, das zunächst sehr hoch dosierte Mittel auf eine geringe Erhaltungsdosis und rate zu einer Kontrolle nach vierzehn Tagen.

Die Patientin aber hat ihre eigene Theorie, die sie mir erst im nächsten Gespräch erläutert: Immer wenn sie in den Nachtdienst ginge, so meint sie, schnellten die Schilddrüsenhormone aufgrund des damit verbundenen Stresses hoch. Da sie gerade jetzt in den Nachtdienst musste, habe sie das Mittel nicht wie verordnet reduziert, sondern im Gegenteil die doppelte Dosis zur besseren Absenkung der Hormone eingenommen.

Bei der Blutkontrolle aber sind die Hormone höher als zuvor und zu meinem Erstaunen damit nicht genügend gedrosselt. Im Nachhinein muss ich also zugeben: die Patientin hätte sich noch mehr meiner zu niedrigen Dosierung widersetzen können, als sie es schon tat.

Wir haben das in entspannter Atmosphäre miteinander besprochen, auch unsere Fehler:

Ich habe die Dosierung nur von den Laborergebnissen her geplant und bin nicht auf die Idee gekommen, dass die Biologie individuell spezifische Wege gehen kann.

Sie hat die Menge verändert, ohne das mit mir zu besprechen.

Die weiteren Dosierungen haben wir dann zusammen geplant und gute Ergebnisse damit erzielt.

Und was ist mit den vielen Patienten meiner Arztkarriere, die meine Verordnungen nicht befolgten, sondern mit der Beschreibung aus der Medikamentenpackung kamen und mich freundlich darauf hinwiesen, dass man das Medikament bei dieser oder jener Krankheit nicht geben dürfe, und das genau die Krankheiten waren, die sie hatten?

Ist solche Compliance nun negativ oder positiv, das ist hier die Frage.

Zwei Herzen

Herr Süß kommt hereingeschneit, ein drahtiger, untersetzter, älterer Mann in Kordhose und Holzfällerhemd. Er macht vorne in der Anmeldung der Praxis mächtig Druck und darf deshalb gleich ins Sprechzimmer. Er legt ein Paket auf die Untersuchungsliege und packt es wortlos aus. Er will mir etwas schenken, denke ich. Ohne Kommentar legt er mir etwas in die Hand und setzt sich mit mir an den Sprechtisch.

Da das Ganze in Zeitungspapier verpackt war und jetzt ein Fleischkloß zum Vorschein kommt, denke ich: er war beim Metzger, und das ist Hundefutter. Erst langsam erkenne ich ein sorgfältig präpariertes menschliches Herz, durch irgendein Verfahren haltbar gemacht. Man kann es ohne Schwierigkeiten auseinander klappen, um auch das Innere zu studieren, zum Beispiel die linke Hälfte, die das Blut in den Körperkreislauf pumpt, oder auf der anderen Seite die rechte Hälfte, die das Blut in den Lungenkreislauf pumpt.

Ich erinnere mich. Gestern hat mir der Patient erzählt, dass er trotz seines Alters von siebenundsiebzig Jahren noch im Betrieb seines Sohnes mitarbeitet. Sie stellen Plastinationen her. Plastinationen sind haltbare Organpräparate zu Ausbildungszwecken, zum Beispiel im Anatomieunterricht.[1]

---

1 Inzwischen sind mehrere Jahre vergangen und das Verfahren ist durch die Ausstellung »Körperwelten« berühmt geworden.

»Und jetzt erklären Sie mir bitte an diesem Präparat, was ich an meinem Herzen habe, wovon Sie gestern gesprochen haben«, sagt Herr Süß, gleichermaßen stolz und herausfordernd.

Herr Süß ist gestern bei mir in der Praxis gewesen, mit Atemnot, die von einer Herzschwäche herrührt. Unter anderem haben wir ein EKG gemacht, dessen Befund ich ihm anschließend erklärt habe: Sein linkes Herz ist muskelstärker als sein rechtes Herz. Halb erschreckt, halb amüsiert hat der Patient sofort nachgefragt: »Wieso? – Habe ich etwa zwei Herzen?«

Die Verweigerung

Frau Marquez ist eine 30-jährige zierliche, gepflegte Spanierin. Mein Spanisch ist zwar schlecht, aber doch gut genug, dass in unserem ersten Gespräch schnell eine vertraute Nähe zwischen uns entsteht. Aber ihr Deutsch ist doch ein bisschen besser als mein Spanisch, deshalb reden wir auf Deutsch weiter.

Gegen ihre Rückenbeschwerden beschließen wir gemeinsam Massagen.

Wegen ihrer vergrößerten Schilddrüse ist eine Blut- und eine Ultraschalluntersuchung sinnvoll.

Das dritte Thema ist der Blutdruck: Frau Marquez fühlt sich müde und erschöpft. Sie glaubt, dass dies am niedrigen Blutdruck liegt, und möchte ein Medikament.

100 zu 70 messe ich und antworte:

»Also, ganz ehrlich gesagt, ich glaube nicht, dass Ihre Beschwerden vom Blutdruck kommen. Ich möchte Ihnen kein Medikament aufschreiben, es wäre wirkungslos. Als kleine, junge Frau haben Sie als Normalbefund einen niedrigeren Blutdruck.«

Frau Marquez reagiert skeptisch.

Ich sage noch einmal:

»Für Ihr Alter und Ihre Figur und Ihr Geschlecht ist der Blutdruck normal.«

Da Frau Marquez immer noch etwas abwartend bleibt, wiederhole ich mit Nachdruck:

»Es hat etwas zu tun mit jung, weiblich und schmal.«

»Vielleicht ist es das Wetter«, sagt sie mit einer trägen Handbewegung zum Fenster und sieht mit teilnahmsloser Miene nach draußen. Der Himmel ist bedeckt, es ist schwül und feucht, ein Gewitter liegt in der Luft.

»Pesado«, antworte ich auf spanisch, drückend wie das Wetter, oder bedrückt wie sie selbst.

»Yo solo quiero dormir, dormir ...«, sagt sie, ich mag nur noch schlafen, schlafen ... Nachdem sie das gesagt hat, ist der Damm gebrochen, sie wird lebendig und entspannt sich und redet auch plötzlich nur noch Spanisch, wie ein Wasserfall.

Es geht ihr nicht gut hier in Deutschland. Schon früher, in Madrid, hatte sie eine Depression und musste eine Therapie machen.

Das Gespräch ist für heute zu Ende. Aber zwischen uns beiden ist es klar gesagt: Da ist etwas, etwas Tiefes.

Im nächsten Gespräch packt sie dann ihre Probleme auf den Tisch: sie ist isoliert hier, ohne Freunde und Familie, daher aggressiv gegenüber ihrem Partner, was beide oft unglücklich macht. Sie ist nur hier, weil er Deutscher ist und beruflich hier sein muss.

Im Laufe der nächsten Wochen beschließt sie, nach Spanien zurückzugehen, und tut das auch. Die Beziehung zu ihrem Freund harmonisiert sich, wird gleichberechtigt: Mal Heidelberg, mal Madrid, mal spanisch, mal deutsch – sie treffen sich auch oft auf halbem Wege, in Paris. Ein Medikament gegen niedrigen Blutdruck braucht sie bis heute nicht.

Ein zweifelhaftes Kompliment

In die Praxis kommt eine 33-jährige, rundum selbstsicher wirkende Frau. Sie ist schlank und hübsch, elegant gekleidet. Mit sicheren Bewegungen betritt sie das Sprechzimmer und setzt sich hin, als ob es ihr Sprechtisch wäre.

Sie komme nur wegen einer Formalie, die schnell zu erledigen sei.

Aber eine Nebenbemerkung macht mich hellhörig:

Sie habe eine gemeinsam mit mir vor vier Monaten geplante und beschlossene Psychotherapie doch nicht begonnen. Einerseits habe dies äußerliche Gründe gehabt. Andererseits aber habe sie sich von mir auch nicht unterstützt gefühlt. Ich hätte gesagt, sie habe es nicht nötig.

Das sagt sie sehr sachlich. Ich aber bin alarmiert:

Bekomme ich da etwas in die Schuhe geschoben, was sie selbst zu verantworten hat? Und wenn ich sie nun tatsächlich nicht unterstützt hätte und sie hätte es wirklich nötig: Wäre das nicht ein Kunstfehler?

Ich rechtfertige mich. Sie habe Signale ausgesendet, die Therapie nicht machen zu wollen, und diese Signale hätte ich nur aufgegriffen.

Auch jetzt wirke sie auf mich gesund und souverän; in der Lage, ihre Probleme ohne professionelle Hilfe selbst lösen zu können.

Sie lacht bitter.

Langsam dämmert es mir: Sie spielt nur die Rolle der Souveränität. Das ist ein Zwang: der Zwang, erwachsen und souverän zu tun, obwohl sie es nicht ist. Diese perfekte Schale sei ihr zutiefst verhasst und fremd, sagt sie, und es sei so maßlos anstrengend, sie aufrechtzuerhalten und immer wieder neu zu präsentieren.

So fühle sie sich einsam und nicht gesehen, vor allem nicht so gesehen, wie sie sich hinter dieser Rolle fühle: klein, hilflos, wenig wertvoll.

Ich spreche jetzt nicht mehr nur mit einer erwachsenen Frau, sondern bekomme auch vertrauten Kontakt mit dem schutzbedürftigen Kind, das geliebt sein will und Hilfe und Förderung seines Wachstums braucht. In mir entsteht das befriedigende Gefühl, ihr jetzt viel näher zu sein.

So beginnt die Psychotherapie, beinahe ohne dass wir es merken. Klar, dass die Patientin jetzt bei einem Fachpsychotherapeuten kontinuierlich weitermachen wird. Sie hat erlebt, dass ihre kindliche Seite von anderen akzeptiert werden kann.

Ich gehe, Sie gehen, es geht

Frau Danner hat sich das Hüftgelenk operativ ersetzen lassen, eine Entscheidung, die ihr schwer fiel, die aber die richtige war.

Sie betritt vor mir das Sprechzimmer, geht ohne jedes Humpeln oder Hinken vor mir her zum Sprechtisch, hat Recht mit ihrer Vermutung, dass ich sie beobachte und dreht sich um, triumphierend:

»Na, wie gehe ich?!«

»Sehr gut gehen Sie«, sage ich.

»Es geht mir auch sehr gut«, erwidert sie, »im doppelten Wortsinn.«

Der kleine Unterschied

Frau Breugel ist eine schrullige, aber liebenswerte Ostpreußin weit in den 80ern. Sie ist dort im Osten eine tüchtige Frau gewesen, aber mit Eigenheiten: zum Beispiel trug sie beim Blumen schneiden im Garten weiße Handschuhe und einen eleganten Hut. Links von der Eingangstür ihres Holzhauses pflanzte sie eine Kletterrose, das war ihr Mann, rechts pflanzte sie eine zweite, das war sie selbst, und sie selbst und alle, die es sehen wollten, sahen, wie mit den Jahren ihr Mann und sie zusammenwuchsen.

Es ist mir allein schon ein Genuss, ihren Dialekt zu hören, und ich bin mit ihrem sehr eigenen Kopf immer gut zurechtgekommen. Einmal in der Woche besuche ich sie im Alten- und Pflegeheim. Vor Jahren, als sie noch im Zweibettzimmer lebte, hatte sie einen viel zu hohen Blutdruck. Damals war sie auch depressiv – mit durchaus aggressiver Komponente. Seit sie ein Einzelzimmer unter dem Dach bewohnt, ist der Blutdruck in Ordnung, und ihre Altersdepression hält sich in Grenzen.

Frau Breugel bekommt von mir seit langer Zeit Halcion® als Einschlafmittel. Sie kennt die Verpackung, sie drückt die Tablette selbst aus der Folie heraus und weiß daher natürlich, wie sie aussieht: oval, blau, eingekerbt.

Die Schwestern sind für die tägliche Versorgung mit Tabletten zuständig, und Frau Breugels Bedarf daran ist groß: gegen die Zuckerkrankheit, fürs Herz, gegen die Depression. Aber über das Halcion® bestimmt Frau Breugel selbst, und zwar mit Genugtuung, denn das ist einer der wenigen Bereiche, in dem sie selbst noch schalten und walten kann. Deshalb gibt es auch oft das Ritual langer Verhandlungen mit mir, wie viele Packungen des Präparates ich ihr diesmal aufschreibe: sie möchte mehr, ich weniger, aber wir können uns immer einigen.

Das ist den Schwestern der Station seit langem ein Dorn im Auge. Misstrauisch beobachten sie uns und machen von Zeit zu Zeit einen Anlauf: sie hätten keine Kontrolle, Frau Breugel könne überdosieren, es bestehe die Gefahr der Abhängigkeit. Manchmal wird Frau Breugel dramatisch grippekrank. Ich kenne das schon: Zu Beginn wirkt sie schwerstkrank, nach ein paar Tagen ist dann alles halb so schlimm. Die Stationsschwester nimmt das von mir geschriebene Rezept über das Medikament mit, weil Frau Breugel schwitzend und erschöpft, fast bewegungsunfähig im Bett liegt und nicht in der Lage ist, die neue Halcion®-Packung selbst aus der Apotheke zu besorgen. Das ist eine Gelegenheit, die sich die Schwestern nicht entgehen lassen. In der nächsten Woche wird Frau Breugel – die noch sehr pflegebedürftig ist – das Medikament jeden Abend von der Station zugeteilt: eine ovale, blaue und eingekerbte Tablette. Beim Hausbesuch am Ende dieser Grippe-Woche berichtet Frau Breugel, dass das Mittel zum Einschlafen nicht wirke, weil es nicht das richtige sei. Sie tritt auch gleich den Beweis an, zeigt mir zwei

Tabletten: die eine sei eine Originaltablette, die sie aus ihrem eigenen Vorrat noch übrig habe, und die andere eine der von den Schwestern zugeteilten. Die Tablette, die sie von den Schwestern komme, sei, wie man sähe, etwas kleiner, schmäler und blasser.

Beide Tabletten sehen für mich absolut gleich aus. Mit dieser meiner Wahrnehmung ernte ich nur ein bedauerndes Kopfschütteln bei der Patientin, weil ich so schlecht sehen könne.

Wir einigen uns darauf, dass wir es dahingestellt sein lassen können, wer Recht hat. Hauptsache, sie hat wieder ihr Halcion®-Rezept, kann in die Apotheke gehen und sich die Tabletten in Zukunft wieder selbst zuteilen.

Nach einer Woche berichtet Frau Breugel, die Tabletten, die sie mit meinem Rezept selbst aus der Apotheke geholt habe, seien wieder die richtigen, sie wirkten wie früher.

Frontenwechsel

Kaum noch Haare auf dem Kopf, aber eine wunderbar zarte Stimme hat Herr Fahr, ein etwas korpulenter Bibliothekar um die sechzig. Er hat immer etwas Optimistisches an sich, strahlt mich aus seinem runden Gesicht mit roten Wangen an, als ob er der glücklichste Mensch auf Erden wäre. Dabei ist er beruflich an der Uni nicht gerade auf Rosen gebettet und dazu gesundheitlich sehr schlecht dran. Seit seiner Geburt hat er ein verkrümmtes Skelett, was ihn zum Außenseiter gemacht hat.

Vor drei Jahren ist auch noch Schilddrüsenkrebs dazugekommen. Damals ist er operiert worden. Im selben Jahr hatte er einen Rückfall. Der halbe Hals wurde »ausgeräumt«, wie es so schön heißt. Jetzt ist er auch hier verstümmelt.

Aber sein Lebensmut ist ungebrochen.

Gerade ist er aus der Krebsnachsorge-Kur zurückgekommen.

Sein Thema heute sind Mistelextrakt-Spritzen. Vor der Kur schon hatte ich ihm diese Behandlung empfohlen. Die Spritzen sollen den Körper zu einer Steigerung der körpereigenen Abwehr stimulieren, die sich dann auch gegen Krebszellen richtet. Aber ich bin selbst nicht ohne Zweifel an ihrer Wirksamkeit. Die anthroposophische Weltanschauung, die dahinter steht, ist mir fremd, außerdem ist die Wirkung wissenschaftlich nicht sicher nachgewiesen. Dennoch hoffe ich darauf. Herr Fahr hat auf Rat des Kurarztes mit den Mistelspritzen bereits während der Kur angefangen. Er hat sie nicht gut vertragen, berichtet er. Es kam zu einer starken örtlichen Reaktion mit Schwellung, Rötung und Schmerz. Das ist zwar eine gewollte Antwort des Immunsystems, aber sie ist zu stark. Seine Abwehr gegen die Spritzen ist auch aus anderen Gründen ausgeprägt: Er mag sich nicht selbst spritzen. Das sei Masochismus, findet er. Auch andere mag er nicht spritzen lassen. Er sieht darin eine dauernde Körperverletzung und Abhängigkeit. Ich kann das nachvollziehen und respektieren. Auch, weil ich selbst zu wenig über die behauptete Wirkung der Spritzen weiß, beharre ich nicht auf meinem Vorschlag.

Aber Herr Fahr fordert mich auf, ihn doch mehr von meinem Konzept der Spritzen zu überzeugen. Ich solle bitte versuchen, mit ihm zu kämpfen, um seinen Widerstand zu brechen.

»Ich habe wohl keine Chance, werde also wohl nicht darum herumkommen«, antworte ich lachend. Aber mir fällt nichts ein. Da bleibt mir nur, ehrlich zu sein.

»Ich glaube sowieso nur an den Placeboeffekt der Spritzen. Wenn Sie nicht an die Spritzen glauben, dann fällt auch diese Wirkung weg.«

»Also fallen die Spritzen weg.«

»Aber ich soll Ihnen doch irgendetwas Positives anbieten, dachte ich. Wie wäre es mit geistig-seelischer Arbeit gegen den Krebs?«

Herr Fahr ist sehr einverstanden. Ich schlage ihm die Simonton Therapie vor und erkläre sie ihm im einzelnen.

Ein paar Wochen später erklärt er mir, anstatt für

das Geistig-Seelische habe er sich nun für die »kon-
zentrative Bewegungstherapie« entschieden.

Sein eigenes Konzept. Gut so.

Eine wahrhaft erfundene Geschichte

»Meine Krankenkasse hat die Kur abgelehnt«, berichtet Frau Kapellmann enttäuscht. Sie ist eine kleine, etwas pummelige, sommersprossige, rothaarige und quicklebendige Frau in den Dreißigern, die viel Lebensfreude ausstrahlt. Sie hat einen Hang zum Alternativen, zum Chaos, aber irgendwie geht alles immer gut aus.

Die Ablehnung der Kur trifft auch mich, ich fühle mich in der Pflicht. Frau Kapellmann hat gerade eine Lungenentzündung halbwegs überstanden, und diese war auch schon durch chronische Erschöpfung mitbedingt. Außerdem trinkt und raucht sie zu viel, schließlich gab es da noch Prüfungsstress. Eine Erholung wäre dringend notwendig, die sie sich aber auf eigene Kosten nicht leisten kann.

Dann fällt mir ein Ausweg ein, eine Mutter-Kind-Kur, die von karitativen Verbänden getragen werden könnte, und ich schlage dies vor.

Frau Kapellmann sagt fassungslos, sie habe kein Kind. Ich will antworten, sie habe doch ein Kind, will einen Moment fast darauf bestehen, bis ich einsehe, dass sie es wohl besser wissen muss.

Ich rette mich vor ihrem vorwurfsvollen Blick in die Karteikarte: Vor vier Monaten hat sie – steht da in meiner Schrift – in der 26. Schwangerschaftswoche ihr Baby verloren.

Mein positives Gehirn hat offenbar die Erinnerung daran verloren und statt dessen die Schwangerschaft erfolgreich beendet.

Frau Kapellmann geht es jetzt, drei Jahre später, gut. Letztes Jahr hat sie eine ungewollte Schwangerschaft durch Abtreibung beenden lassen. Dieses Mal erinnere ich mich richtig.

Der wahre Wahn

Frau Laia war gestern schon da. Sie hat große Probleme mit sich und den Menschen und braucht von Zeit zu Zeit ein Gespräch mit mir. Aber zu viele Gespräche dürfen es auch nicht sein. Dann käme ich ihr wohl zu nahe.

Frau Laia ist eine sportliche, schlanke, hübsche und sehr ernste Studentin, die immer einen Regenschirm bei sich trägt.

Sie sagt mir jedes Mal, dass ich es nicht gut mit ihr meine. Das enttäuscht mich, weil ich sie mag und das offenbar nicht bei ihr ankommt. Gleichzeitig fühle ich mich ihr trotzdem nahe, weil ich hinter ihrer Aggression eine traurige Einsamkeit spüre, die ich gut verstehen kann. Aber ich bin auch verletzt: schließlich gebe ich ihr doch viel, und von Herzen. Ich sage ihr das immer wieder ganz offen. Dadurch entsteht neue Nähe zwischen uns.

Das Gespräch gestern war lang und gut, dachte ich. Sie hat mir die Geschichte einer tastend beginnenden Bekanntschaft zu einem Theologiestudenten in allen harmlosen Einzelheiten erzählt. Warum, weiß ich nicht. »Dies war die erste Hälfte«, so schließt sie, »die zweite Hälfte erzähle ich Ihnen ein anderes Mal.«

Heute Morgen dagegen ist nichts wie gewohnt: Sie kommt früh in die offene Sprechstunde, in der ich nicht so viel Zeit für sie habe, und außerdem war sie noch nie gleich am nächsten Tag wieder da. Also bin ich auf der Hut.

Sie sagt mit harter, verschlossener Miene, sie sei von einer Vertrauensperson betrogen worden.

Dann nimmt sie mir das Versprechen ab, ehrlich zu sein. Das fällt mir leicht, weil ich mit absoluter Aufrichtigkeit schon lange das Vertrauen zu schaffen versuche, das sie so bitter nötig hat.

Sie fragt unvermittelt, was das für ein Gerät hinter mir in der Steckdose sei. Ich zeige ihr, ohne noch zu wissen wozu, sofort den dort zur Aufladung des Akkus steckenden Apparat. Er ragt ungefähr 20 cm lang aus der Steckdose heraus, ist von zylindrisch-länglicher Form und endet in einem schrägen Konus, auf den noch der Einmaltrichter geschraubt werden muss, bevor ein ganzer Ohrenspiegel daraus wird. Ich erkläre ihr genau das Gerät und führe auch die Funktion vor, immer noch ohne einen blassen Schimmer, worauf sie hinaus will.

Im nachfolgenden Gespräch sagt Frau Laia zögerlich, dass sie glaubte, ich führte heimlich Tonbandaufnahmen durch, um diese gegen sie zu verwenden. Sie habe angenommen, dies Gerät sei das getarnte Mikrofon.

»Ich mache keine heimlichen Aufnahmen«, weise ich diese Unterstellung fast empört zurück. Allerdings, sage ich, eine Brücke bauend, sei mir ihre Vermutung deswegen verständlich, weil ich von Zeit zu Zeit für Forschung und Fortbildung mit Einwilligung von Patienten Tonbandaufnahmen in der Praxis herstelle und daraus Transkripte anfertigte.

Frau Laia geht beruhigt. Und ich bin zufrieden,

habe ich ihren Verdacht doch überzeugend widerlegen können.

Aber wie war das doch gleich mit der absoluten Aufrichtigkeit?

Widerstrebend mache ich mir bewusst:

Ich hatte in der Tat vor einigen Wochen erwogen, bei dieser Patientin ausnahmsweise heimlich ein Tonband mitlaufen zu lassen. Ich bin Mitglied einer Gruppe von Beratern, die sich zur Fortbildung, allerdings mit Zustimmung der Patienten, Tonbandmitschnitte zur gegenseitigen Hilfe vorstellen. Man nennt das kollegiale Supervision.

Ein Tonband von einem Gespräch mit Frau Laia zu haben, wäre mir sehr wichtig gewesen, weil die Gespräche mit ihr immer schwierig verliefen. Durch die Rückmeldung der Kollegen wollte ich erfahren, wie ich mein Gesprächsverhalten verbessern könnte.

Aber ich wusste vorher: es hat keinen Zweck, Frau Laia um Erlaubnis zu fragen. Sie würde mit Sicherheit Nein sagen. Darüber hinaus würde sich aber unsere Beziehung allein durch meine Frage verschlechtern. Sie würde sich noch mehr als krankes Objekt behandelt fühlen, und nicht als Mensch von einer anderen Person im unmittelbaren gemeinsamen Kontakt ernst genommen.

Deshalb hatte mich eine heimliche Aufnahme sehr gelockt. Technisch hätte es mir kein Problem bereitet, ein Tonband zu installieren, ohne dass die Patientin etwas davon merken konnte.

Aus moralischen Gründen entschied ich mich doch dagegen. Mit einer Aufnahme hinter ihrem

Rücken würde ich ihr Recht zu bestimmen, wem sie etwas mitteilt und wem nicht, in den Wind schlagen.

Zum ersten Mal in meinem Arztleben hatte ich ernsthaft erwogen, eine heimliche Tonbandaufnahme zu machen.

Zum ersten Mal in meinem Arztleben wirft mir gerade jene betroffene Patientin vor, heimliche Tonbandaufnahmen von ihr zu machen und überprüft diesen Vorwurf sogar.

Bei unserem nächsten Gespräch nehme ich allen Mut zusammen und erzähle Frau Laia – denn Ehrlichkeit geht über alles, siehe oben – von meinem zum Glück noch rechtzeitig verworfenen Plan. Sie nimmt mir das nicht weiter übel, sondern ist im Gegenteil erleichtert, dass ihr Verdacht wohl nicht ganz unbegründet war. Dadurch entsteht, wie ich es mir erhofft hatte, wieder ein bisschen mehr Vertrauen zwischen uns. Natürlich wird es niemals eine Tonbandaufnahme von unseren Gesprächen geben.

Zwei Jahre später ringt sich Frau Laia nach vielen vergeblichen Anläufen dazu durch, mir die zweite Hälfte ihrer Geschichte mit dem Theologiestudenten in allen furchtbaren Einzelheiten zu erzählen: die Geschichte ihrer Vergewaltigung.

Ein aufrechter Tod

Frau Fried leidet schwerstens an ›restless legs‹. Ihre Beine, vor allem ihre Waden, schmerzen, zucken, krampfen, brennen, stechen – immer. Möglicherweise liegen Blutstauungen zugrunde, aber alle medizinischen Abklärungen und Behandlungsversuche sind bisher ohne Erfolg geblieben. Das Einzige, was ihr hilft, ist aufzustehen und herumzulaufen. Dann hat sie kurzfristig Erleichterung, kann sich wieder setzen oder hinlegen, bis sie spätestens nach ein bis zwei Stunden wieder herumlaufen muss, um es aushalten zu können. Auch nachts kann sie nicht durchschlafen, höchstens ein bis zwei Stunden, dann muss sie wieder zum Laufen heraus, hinlegen, laufen, und so weiter.

Sie kommt trotzdem ganz gut durchs Leben und bleibt bis zuletzt eine optimistische, fröhliche, auch körperlich runde, große, starke und durchsetzungsfähige Person. Nur eine Sorge hat sie, da sie inzwischen weit über achtzig Jahre alt ist: ein Pflegefall zu werden, weil sie dann liegen müsste und nicht herumlaufen könnte – das wäre für sie die Hölle auf Erden.

Für diesen Fall gebe es starke Medikamente zur Erleichterung, sage ich. Ihre Beschwerden sind aber so mächtig, dass mein Beruhigungsversuch gegen ihre Skepsis und Furcht nichts ausrichten kann.

»Wie soll bloß das Sterben werden?«, pflegt sie mich immer wieder zu fragen, »da werde ich mich ja wohl oder übel hinlegen müssen. Am liebsten würde ich im Stehen sterben.«

Nicht ich, sondern Frau Fried findet dafür eines Tages selbst eine Lösung. Sie stirbt an einem fulminanten, zum sofortigen Tod führenden Schlaganfall, eingeklemmt zwischen Badezimmertür und Türrahmen: im Stehen.

Selbsthilfe

Herr Küstner ist ein schlanker, sehr zurückhaltender Lehrer, der sich unauffällig kleidet und jünger wirkt, als er ist. Fünfunddreißig Jahre alt ist er auf dem Papier. Herr Küstner hat AIDS. Er muss täglich Infusionen bekommen.

Die Infusionen hätten in der Uniklinik-Ambulanz durchgeführt werden können, doch Herr Küstner zieht es vor, sie bei uns in der Praxis machen zu lassen. Hier geht es persönlicher zu, und er wohnt um die Ecke.

Herr Küstner bringt von Anfang an die Medikamente und das Infusionsbesteck – verschrieben von der Ambulanz – selbst mit und hilft beim Vorbereiten: Infusionsflaschen, Zuleitung, Pflaster, Tupfer, Desinfektionsmittel, Nadeln und Stauschlauch müssen gerichtet werden. Eigentlich ist das die Aufgabe der Arzthelferin, die er so mehr und mehr entlastet. Später übernimmt er nach Anleitung auch das Füllen der Infusionszuleitung; wegen der Gefahren von nicht gewährleisteter Keimfreiheit und Luft im System eine verantwortungsvolle Aufgabe. Herrn Küstner als betroffenem Patienten fällt es nicht schwer, gewissenhaft zu sein.

Wenn ich jetzt als Arzt die traditionell ärztliche Aufgabe übernehme, die Nadel in die Vene zu platzieren und die Infusion anzuschließen, dann sieht Herr Küstner immer weg, weil er kein Blut sehen kann.

Eines Tages habe ich die Arzthelferin nicht zur Seite, brauche jedoch Hilfe. Jemand muss die

Nadel festhalten, damit mir nicht Patientenblut über die Finger läuft, keine sehr angenehme Vorstellung bei einem AIDS-Patienten. Ich bitte Herrn Küstner darum. Er macht es ohne zu zögern und sieht seither immer beim Infusionslegen zu. Bald brauchen wir keine Arzthelferin mehr, weil Herr Küstner die notwendigen Handreichungen für mich übernimmt.

Irgendwann will Herr Küstner in Urlaub gehen und fragt sich sorgenvoll, wer ihm unterwegs die Infusion legen soll. Wieso sollte er nun nicht den letzten Schritt noch lernen: sich selbst zu stechen und sich damit die Infusion selbst zu legen? Ich gebe ihm Nadeln mit, damit er an einer Mandarine das Durchstechen von Haut üben kann. Darauf verzichtet Herr Küstner und sticht sich ohne Zögern am nächsten Tag selbst, was ihm auch sofort gelingt.

Meine Wandlung vom bestimmenden Arzt zum Assistenten des Patienten, und vom Assistenten zum Überflüssigen ist vollzogen. Auch die Arzthelferin, die anfangs noch als Patientenhelferin auftritt, sieht sehr bald nur noch zu und gibt ein paar Hinweise. Schließlich macht er alles allein im Behandlungsraum, und zuletzt wo er will, ob zu Hause oder auf Reisen.

Zwei Jahre später erfahre ich, dass Herr Küstner gestorben ist.

Der gute Betrug

Frau Eils ist schon recht altersgebrechlich, was ihr mit ihren dreiundachtzig Jahren auch zusteht. Dennoch ist sie immer sorgfältig gepflegt. Wie ihre Wohnung wirkt auch sie selbst sehr seriös. Heute aber erzählt sie mir spitzbübisch eine recht unseriöse Geschichte:

»Als mein Mann schon schwer krank war, war er völlig fixiert auf sein Schlafmittel. Ohne das konnte er nicht schlafen. Andererseits tat es ihm aber nicht gut; morgens war er benommen, und die Pillen schädigten seine Leber. Ich kam auf die Idee, meinen Apotheker zu fragen, ob er nicht Pillen herstellen könne, die exakt so aussähen, aber frei von Wirkstoffen seien. Dies tat der gute Mann. Für mich tut er alles. Von nun an gab ich meinem Mann abwechselnd einen Tag das vom Arzt verordnete Mittel und den anderen das vom Apotheker hergestellte. Er merkte den Unterschied nicht, sondern schlief mit beiden Mitteln genau so gut. Allerdings war er nach dem neuen Mittel nicht benommen. Daraufhin gab ich ihm nur noch das unechte Mittel, und siehe da: es wirkte hervorragend.«

Das ging eine ganze Weile gut so. Beide, Patient und Arzt, waren zwar die Dummen, aber die Wirkung war nicht dumm.

Das doppelte Rumpelstilzchen

Mein Vater amüsierte sich oft über die Duplizität von Ereignissen, und wenn er erzählte, ließ er offen, ob Zufall oder Fügung im Spiel waren.

Zwei Patienten mit der gleichen Krankheit, mit dem gleichen Bedürfnis, mit der gleichen Präsentation kommen direkt nacheinander in meine Sprechstunde, wissen nichts voneinander, und beim zweiten muss ich wegen der Schweigepflicht an mich halten, nichts vom ersten zu erzählen.

Zuerst kommt eine Frau, eine neue Patientin, die ich noch nicht kenne.

Sie ist offensichtlich gebildet, Anfang fünfzig, brünett. Sie macht einen ausgelaugten Eindruck, und auch ihre Dauerwelle ist schon etwas ausgewachsen. Ich würde mich nicht an sie erinnern, wenn ich ihr einmal in der Bahn gegenüber gesessen hätte.

Der andere ist schon lange bei mir Patient. Er ist ein höchstbegabter Astronomie-Student, ein Überflieger. Alle Möglichkeiten der Wissenschaft schienen ihm bis vor zwei Semestern noch offen zu stehen – bis er krank wurde. Noch immer hat er eine große Ausstrahlung, auch wenn diese jetzt nur noch von der Krankheit herrührt.

Beide Patienten überreichen mir, ohne voneinander zu ahnen, je einen Artikel zum sogenannten »Chronischen Erschöpfungssyndrom«, in beiden Artikeln auch »Chronic Fatigue Syndrom«, abgekürzt CFS genannt.

Der eine Artikel stammt aus der ZEIT, der andere aus einer amerikanischen Fachzeitschrift.

Beide Patienten leiden an einer immerwährenden Müdigkeit, die ihnen aus ihrer Lebensführung nicht erklärlich ist und für die es trotz vielfältiger Untersuchungen keine medizinisch-organische Erklärung gibt. Beide erleben sich nicht als seelisch krank, insbesondere nicht als depressiv.

Für beide ist das CFS ein Rettungsanker. Endlich ist ein Name für ihr Leiden gefunden gefunden, der Dämon gebannt, auch wenn in beiden Artikeln keine sichere Behandlung vorgeschlagen wird. Jetzt erhoffen sie sich meine Absegnung der Diagnose.

Diese aber kann ich ihnen nicht geben. Ich habe zwar Verständnis für diese mehr organmedizinische Selbst-Diagnose, aber ich halte die Erkrankung intuitiv bei beiden Patienten eher für psychosomatisch.

Das sage ich auch beiden, und in beiden Fällen trennen wir uns mit gegenseitigem Respekt.

Heilen kann ich sie nicht, aber sie begleiten.

Dialektik

Frau Neu ist eine 36-jährige medizinisch-technische Assistentin, hat Grippe und braucht eine Krankschreibung. Wir haben seit langem ein freundliches, entspanntes Verhältnis zueinander.
Etwas ist anders heute. Und weil ich neugierig bin, sage ich am Ende des Gesprächs:
»Ich frage mich, was es für eine Bedeutung hat, dass ich in den fünfzehn Jahren, die wir uns kennen, heute zum ersten Mal bewusst Ihren bayerischen Dialekt höre.«
Wie aus der Pistole geschossen, antwortet die Patientin:
»Als ich gestern zufällig an Ihrem Haus vorbeilief, kam mir in den Kopf, dass diese Praxis eines Tages geschlossen werden könnte, und ich wurde ganz traurig. Da merkte ich, dass Sie mir in den letzten Jahren zum Ersatzvater geworden sind. Als Kind lebte ich in Bayern. Meine Eltern waren geschieden. Ich hatte gar keinen richtigen Vater. Da ich mich heute hier wie zu Hause fühle, rede ich Bayrisch, ohne es zu merken. Ich bekomme den Dialekt immer nur dort, wo ich mich ganz zu Hause fühle.«
Ich bin gerne ihr Ersatzvater, auch wenn ich leider nicht Bayrisch spreche.

Das rote Signal

Frau Fink ist eine 28-jährige Patientin, die zweimal wegen harmloser Beschwerden in der Praxis war. Sie ist eine kleine Frau; zurückhaltend und schlicht gekleidet, kurze braune Haare, offene Augen. Sie wirkt rundum gesund und ausgeglichen. Heute kommt sie wegen einer Schilddrüsenvergrößerung zu mir. Ich untersuche sie und stelle fest, dass die Schilddrüse nur wenig vergrößert ist. Ich halte eine Blut- und eine Ultraschalluntersuchung für notwendig.

Zugleich frage ich mich, warum sie diese flammend roten Hektik-Flecken am Hals hat. Das Gespräch ist doch nicht aufregend, und sie wirkt ruhig und ausgeglichen. Ich verstehe das nicht.

Soll ich es ansprechen? Das wäre, als ob ich etwas Verbotenes auf den Tisch bringen, ein Tabu verletzen würde. Außerdem könnte es sie kränken, als ob ich etwa sagen würde: ›Sie sind aber hässlich.‹ Was sie nicht ist. Aber irgendetwas haben diese Flecken zu bedeuten, sonst wären sie nicht so flammend rot. Da ich es verstehen will, spreche ich es schließlich doch an.

Die Sorge, sie zu verletzen, hätte ich mir sparen können. Sie bestätigt ruhig und gelassen, öfter mal nervös zu sein und diese Hektik-Flecken schon seit längerem zu haben. So endet unser Gespräch. Irgendwie bin ich enttäuscht.

Eine Woche später kommt Frau Fink am Ende der Sprechstunde – unangemeldet – in die Praxis. Sie komme noch einmal wegen der von mir angesprochenen Flecken am Hals. Früher seien sie schlimmer gewesen, jetzt sei es manchmal »echt total gut«, dann kämen sie aber wieder sehr stark. Immer, wenn sie wieder nervös sei. Während sie spricht, flammen wie zum Beweis die roten Flecken am Hals auf.

Sie fängt an zu weinen und erklärt zugleich, warum sie weint: weil sie sich jetzt traut, es zu sagen. Ich weiß noch nicht, was dieses es ist, sehe nur, wie bewegt Frau Fink ist.

Dann bricht es aus ihr heraus: Ihr Vater leidet, seit sie zehn Jahre alt ist, an Verfolgungswahn, bis hin zu der Vorstellung, vergiftet zu werden, da er aus einer negativen Weltsicht heraus alle Menschen für böse hält.

Vor vier Jahren ist die Familie auseinander gebrochen. Bis zu diesem Zeitpunkt hat die ganze Familie alles getan, um den Vater vor sich selbst und vor der Psychiatrie zu beschützen und um nur ja nichts von seiner Psychose nach außen dringen zu lassen. Die Schande im Dorf wäre zu groß gewesen. Auch in der Familie wurde nie über die Erkrankung des Vaters gesprochen.

Neben der Sorge um den Vater hat Frau Fink aber zugleich eine große Angst vor seiner unberechenbaren Aggressivität. Er habe sogar ihren liebevollen Bruder beschuldigt, ihn vergiften zu wollen.

Frau Fink hat Angst um ihren Vater und Angst vor ihm. Beides tut ihr nicht gut. Sie weiß das, seit sie erwachsen ist, seit sie versucht, ein eigenes Leben zu führen. Es gelingt ihr aber nicht, sich von ihrem Vater zu lösen, obwohl sie selbst

nicht mehr daran glaubt, ihm helfen zu können.

Vor kurzer Zeit hat sie sich endlich dazu durchge-
rungen, den Kontakt zu ihm abzubrechen und
glaubte, damit das Problem lösen zu können; erlebt sich aber jetzt davon eingeholt. Sie fühlt sich
schuldig, als Verräterin, eine, die ihren kranken
Vater im Stich lässt und ihn noch dazu verrät,
indem sie mit mir redet. »Aber das tut mir einfach
nur gut.«

Objektive Dokumentation

Es ist zum Ritual geworden: Ich hole jeden Patienten selbst aus dem Wartezimmer ab, geleite ihn ins Sprechzimmer, lasse ihm den Vortritt, so dass er sich einen von vier gleichen, rund um meinen Sprechtisch stehenden Stühlen wählen kann, setze mich dazu, sehe ihn erwartungsvoll an.

Der so eingestimmte Patient beginnt dann in der Regel das Gespräch selbst und nimmt damit den Gesprächsverlauf in seine Hand. Und ich? – Ich schreibe den ersten Satz, den er zu seinem gesundheitlichen Problem äußert, wörtlich mit – den Rat dazu hat mir vor zwanzig Jahren auf einem Kongress ein Psychiater gegeben. Im ersten Satz steckt oft das ganze Problem, sagte er.

Und weil dieser Patient, der jetzt gerade vor mir sitzt, im Verlauf des Gesprächs eine äußerst negative Sicht von sich selbst preisgibt, die ich gern ein bisschen korrigieren möchte, erinnere ich mich an seinen ersten Satz im Gespräch von heute:

»Ich fang' mal mit dem Positiven an«, vergleiche diesen dann vorsichtshalber mit der Notiz auf der Karteikarte, um ihn richtig zu zitieren und lese erstaunt:

»Ich brauche eine weitere Krankschreibung.«

Ich traue meinen Augen nicht. Er hatte doch mit dem Positiven angefangen, und nicht mit dem Wunsch nach einer Krankschreibung, der wohl eher aus einer negativen Einschätzung seines Zustandes herrührt. Der kam doch erst viel später. Da ich ihn gut kenne, so wie sich zwei Freunde auf (Sprechstunden-)Zeit eben kennen, frage ich ihn, wie er unseren Gesprächsbeginn im Gedächtnis hat. Tatsächlich, ich habe richtig gehört, er kann sich genauso wie ich wörtlich erinnern. Das Gespräch endet mit einer weiteren Krankschreibung.

Ich mag nicht mehr

Ich kenne Frau Wies kaum. Sie ist eine von den Patientinnen, die vor einem Jahr von einem verstorbenen Kollegen zu mir gewechselt sind. Sie ist eine Hausfrau aus dem Stadtviertel, sechsundvierzig Jahre alt, klein, blondlockig, robust, schlicht gekleidet. Ich schätze sie so ein, dass sie die nächsten zwanzig Jahre – mal mit einem Massagewunsch, mal wegen einer Grippe – von Zeit zu Zeit die Praxis besuchen und weiter keine Probleme haben wird. Im internen Arztjargon nennt man solche Patienten ›pflegeleicht‹.

Heute aber fängt sie so an: »Herr Doktor, ich glaube, ich habe große Scheiße gebaut!«

Scheiße? Frau Wies sieht aus, als würde sie dieses Wort nie in den Mund nehmen. Ein Irrtum.

Sie habe sich ein neues Fahrrad zum Trainieren gekauft. Beim ersten Ausprobieren habe sie sich übernommen. Der Puls sei auf 130 gegangen, die Beine hätten sich merkwürdig angefühlt, sie habe sich schwach gefühlt. In den Tagen darauf sei es mit der Schwäche immer schlimmer geworden. Eine Wärme sei im Körper herum gewandert. Mal sei es hier ganz heiß, mal dort. Schmerzen träten in Schulter, Nacken, unterem Rücken und in beiden Knien auf. Sie müsse sehr viel aufs Klo, habe einen trockenen Mund, Druck im Kopf, es sei ihr »blümerant«. Die Beschwerden hätten sie ganz durcheinander gebracht.

Ich schätze das Ganze als funktionelle Beschwerden ein und stelle auch tatsächlich bei der körperlichen Untersuchung außer einem etwas zu hohen Blutdruck nichts Krankhaftes fest, schlage aber vorsichtshalber eine Blutuntersuchung vor, bei der auch Hormonspiegel überprüft werden sollen und frage dann nach seelischen Ursachen. Da sei alles in Ordnung, sagt Frau Wies.

Nach einer Woche erscheint sie wieder in der Sprechstunde. Die Beschwerden hätten sich sogar noch verstärkt. Es werde ihr abwechselnd heiß und kalt. Sie müsse am laufenden Band schwitzen, habe Aufstoßen, Bauchrumoren und noch mehr Druck im Kopf.

»Könnte es sich nicht doch um seelisch bedingte Beschwerden handeln?«, frage ich erneut.

Frau Wies wehrt ab. Sie glaube nicht an familiäre Störungen.

Aber sie wirkt auf mich verstört und unglücklich. Was soll ich tun, wenn ich mit Frau Wies weder in einen fruchtlosen Streit geraten, noch ihr nach dem Mund reden will?

Wir seien an diesem Punkt einfach verschiedener Meinung, sage ich ihr, und ich wisse nicht, wer von uns beiden Recht habe. Ich schlage ihr vor, gemeinsam in einem längeren Gespräch nach möglichen Zusammenhängen zwischen ihren Krankheitssymptomen und ihrem Leben zu suchen.

Zu meinem Erstaunen ist Frau Wies einverstanden und macht gleich für den nächsten Tag einen Termin aus.

Am nächsten Tag ist Frau Wies schon bei Gesprächsbeginn sichtlich gelöst und sagt:

»Herr Doktor, ich glaube, Sie waren mit Ihrer Vermutung auf dem richtigen Weg. Ich habe gedacht, ich hätte es im Griff ...«

Ihr Mann sei ein seit Jahren trockener Alkoholiker. Keiner wisse das.

Am Tag, bevor ihre Beschwerden begannen, habe er einen Rückfall gehabt.

»Ich kann nicht mehr«, sei ihr erster Gedanke gewesen. Sie habe das Gefühl gehabt, am Boden zu liegen, in ohnmächtiger Verzweiflung Hilfe zu brauchen.

Das allein wäre nicht so schlimm gewesen, sagt sie trocken, das sei sie gewohnt. Gegenmaßnahmen seien ihr geläufig und oft trainiert.

»Jetzt kann ich nicht mehr, aber morgen geht es wieder. Das geht vorüber, das hab' ich im Griff.«

Aber dann sei ein zweiter Gedanke hochgekommen, und der sei übermächtig und bedrohlich neu gewesen:

»Ich mag nicht mehr.« Das sei ihr früher noch nie in den Sinn gekommen. Dieser Gedanke, nicht mehr für die Familie kämpfen zu wollen, sei mit dem Gefühl einer tiefen Ohnmacht und eines absoluten inneren Zusammenbruchs verbunden gewesen. Ihre Sicht von sich selbst, eine Frau zu sein, die alle Probleme in den Griff bekäme, weil sie es mit ganzer Kraft wolle, sei in Frage gestellt worden. Dieses Gefühl habe sie noch nie erlebt: Überdruss, es leid zu sein, immer weiterzumachen. Sie sei doch in der Familie immer der ruhende Pol, der Fels in der Brandung, der Mensch gewesen, bei dem die anderen sich Hilfe holten.

Dieses neue Gefühl habe ihr furchtbare Angst gemacht. Sie habe es nicht ertragen und deshalb nicht zulassen können. Deswegen habe sie es weggeschoben. Danach hätten die Beschwerden begonnen.

Erst als ich gestern auf den seelischen Ursachen beharrt hätte, sei bei ihr der Groschen gefallen, dass sie es doch nicht im Griff habe.

Seither, in den letzten 24 Stunden, könne sie das verdrängte Gefühl annehmen und ertragen. Ihre körperlichen Beschwerden seien fast völlig verschwunden.

Der aus dem Gleichgewicht geratene Körper brauche jetzt sicher noch ein paar Tage, um sich wieder einzupendeln, erklärt sie mir, ihrem Arzt.

Aber trotz der neu gewonnenen Souveränität fängt sie dann doch noch über ICH MAG NICHT MEHR zu weinen an. Später im Gespräch mit mir wird ihr klar, dass sie über die bestehende Gefahr ihre Familie, insbesondere ihren Mann, informieren müsse.

Zwei Jahre ist das jetzt her. Frau Wies kommt manchmal wegen eines Massagerezepts oder auch wegen einer Grippe, sie ist ›pflegeleicht‹; und wenn wir uns in die Augen sehen, weiß ich, dass sie weiß, dass ich weiß ...

Die Kälte

Frau Stoitschka ist eine Altersheimpatientin von sehr guter körperlicher Gesundheit. Sie erinnert mich an mein Kindermädchen, das ich hatte, als ich klein war. Das hatte auch die Haare so streng zurückgekämmt und den Zopf zum Dutt geflochten, war grauhaarig und graugesichtig, hager, streng, freudlos. Nur trägt Frau Stoitschka im Gegensatz zu dieser Frau in meiner Erinnerung immer eine kuschelige wollene Strickjacke.

»Herr Doktor, was haben Sie für warme Hände«, sagt sie jedes Mal zu mir, wenn sie wie gewohnt, meine beiden Hände in ihre beiden Hände nimmt.

Frau Stoitschka ist neunundneunzig Jahre alt und stammt aus dem Sudetenland. Sie hat jetzt seit zwei Monaten Kopfschmerzen, wegen derer sie häufige Zuwendung vom Pflegepersonal und von mir braucht. Beim letzten Besuch frage ich:

»Was macht Ihnen so Kopfweh?«

»Oh, oh, wie soll das alles noch enden?«, klagt sie, »ich hab' ja niemanden mehr.«

Früher, im Sudetenland, vor der Vertreibung, da hatten sie ihren Bauernhof. Der Vater war ihr großes Vorbild, mit seiner Stärke, seiner Ruhe. Es gab viele Geschwister und andere Verwandte in der Gegend. Auch nach ihrer Heirat und der Geburt ihres Sohnes lebte sie weiter auf dem gemeinsamen Hof. Im Westen dann war nichts mehr wie früher. Jetzt lebt noch eine jüngere Schwester, aber die ist krank, kann sie nicht besuchen. Und der Sohn lebt in Köln, 300 km entfernt, auch krank, kann sie nicht besuchen. Andere Verwandte und Freunde gibt es nicht mehr. Können sie nicht besuchen.

»Was ist denn das Schlimmste an dieser Einsamkeit?«, frage ich.

»Die Angst«, sagt sie wie aus der Pistole geschossen.

»Angst wovor?«

»Vor dem Sterben!«

Und dann wieder: »Ach Herr Doktor, was haben Sie für warme Hände!«

Nach fünfzehn Jahren

Herr Baum ist Patient bei mir seit siebzehn Jahren: ein ruhiger, ernster Mann in den späten Fünfzigern. Er leistet als Ersatzteillagerleiter einer großen Autoniederlassung beste Arbeit, obwohl er ein so schweres Asthma hat, dass es oft nicht zu überhören ist. Ich müsste ihn eigentlich gar nicht weiter untersuchen. Viele andere Patienten wären mit dieser Erkrankung längst Frührentner. Nicht aber Herr Baum. Der Beruf ist ihm Sinn seines Lebens.

Wir haben viel miteinander durchgestanden.

Nicht nur sein Asthma.

Nicht nur die schweren Folgeerkrankungen durch die Nebenwirkungen des jahrzehntelang eingenommenen Cortisons.

Auch den frühen Krebstod seiner Frau vor acht Jahren. Ich erinnere mich noch sehr gern daran, wie die beiden, die mir damals, vor zehn, fünfzehn Jahren, als ich noch jünger war, doch schon recht alt erschienen, Hand in Hand vor der Praxis begegnet waren. Das hatte mich damals sehr beeindruckt: Hand in Hand, wie zwei Teenager. Als ich Herrn Baum von meiner Erinnerung an diese Begegnung erzählte, brach er in Tränen aus, so sehr er sie auch zurückzuhalten versuchte.

Auch eine Alkoholphase danach. Die einsamen Nächte hielt er anders nicht mehr aus. Und die Tage schon gar nicht.

Da gab es auch manches andere Tief im Lauf der Jahre.

Diesmal ist er wegen Gliederschmerzen gekommen. Während des sachlich-medizinischen Gespräches fällt mir auf, dass Herr Baum heute besonders bedrückt wirkt.

Ja, das sei richtig, bestätigt er. Er sei niedergeschlagen.

Aber dann schweigt er. Ich biete ihm ein weiteres Gespräch an.

Tatsächlich kommt Herr Baum einige Tage später erneut. Stockend erzählt er:

»Seit mindestens fünfzehn Jahren bin ich isoliert. Besser gesagt, ich isoliere mich selbst. Ich kann nicht mit anderen Menschen essen oder einen trinken gehen, weil ich immer befürchte, dass sie mir auf die Finger sehen könnten. Eigentlich bin ich ganz ruhig. Aber fällt ihr Blick auf meine Finger, fangen sie an zu zittern. Allein die Angst davor genügt. Ich würde so gerne mal Freunde zum Essen einladen oder mit ihnen weggehen. Aber wegen dieser Angst vorm Zittern gehe ich dem fast immer aus dem Wege. Das weiß aber keiner.«

Doch. Ich. Jetzt. Nach fünfzehn Jahren.

Danke schön

... sage ich zu einem Patienten beim Hinausgehen aus dem Sprechzimmer und laufe rot an vor Scham:

›Wie kannst du nur, du benimmst Dich wie ein Verkäufer im Warenhaus, der Danke schön sagt, wenn die Kasse klingelt.‹

Aber ich brauche mich nicht zu schämen, weil ich ans Geld gedacht habe, denn zu meiner Ehre: ich habe gar nicht ans Geld gedacht. Ich schäme mich, weil ich denke, der Patient könnte denken, dass ich ans Geld denke. Das ist aber nicht so. Der Patient nimmt den Dank auch wie selbstverständlich an, offensichtlich ohne über den vermeintlich geldgierigen Doktor entsetzt zu sein. Er versteht mich richtig. Es ist auch für mich, nicht nur für ihn, ein gutes Gespräch gewesen, auch ich als Arzt fühle mich menschlich bereichert.

Seither habe ich es mir zur Gewohnheit gemacht, mich bei der Verabschiedung vom Patienten ganz bewusst zu bedanken, wenn ich mich besonders beschenkt fühle. Nie werde ich falsch verstanden.

Ich wäre es so gerne

Keine kann ihre Fröhlichkeit im Sprechzimmer und durch die weit geöffneten Fenster zum Garten hinaus so verbreiten wie Frau Haaf. Blondlockig ist sie, etwas pummelig, und ihr Markenzeichen sind viele verschiedene goldene Ohrringe, die ihre Ohrmuscheln zieren.

Vor drei Wochen habe sie nachts in einer Autobahnraststätte ein Eis gegessen. Am nächsten Tag habe sie, aus dem Magen aufsteigend, Übelkeit verspürt. Schon drei Tage später aber sei sie wieder quietschfidel gewesen. Merkwürdig sei nur, dass ihr seither Süßigkeiten zuwider seien. Ihr werde schon bei dem Gedanken daran schlecht. Und dann lacht sie ihr glockenhelles Lachen. Sie habe jetzt auch dauernd Lust, heißes Wasser zu trinken. »Das, was Asterix und Obelix bei den Engländern erleben, wenn auch dieses heiße Wasser gelblich gefärbt war.«

Beim Untersuchen finde ich nichts. Vorsichtshalber möchte ich noch eine Stuhlprobe untersuchen, um sicher zu sein, dass sie sich mit dem Eis keine Salmonellen geholt hat. Wegen ihrer skurrilen Süßigkeiten- und Heißwassergeschmacksstörung frage ich sie noch in professioneller Routine, ob sie vielleicht schwanger sei.

»Iwo«, verneint sie lachend, schüttelt ihre vielen Locken und klappert mit den Ohrringen. Sie habe, wenn auch schwach, gerade ihre Blutungen. Und mit gespielter Entrüstung fügt sie hinzu, sie habe schließlich auch verhütet. Sie lacht.

Doch plötzlich bricht ihr Lachen ab. Sie schaut nicht mehr im Sprechzimmer umher, nicht mehr aus den Fenstern in den sommerlichen Garten hinaus, nicht mehr zu mir, sie schaut in sich hinein. Ich darf jetzt nicht stören, denke ich, und versuche, mich unsichtbar zu machen.

Später taucht sie wieder auf.

»Also«, sagt sie zögerlich und ernst, »ich habe gestern ein Referat gehalten, auf das ich mich drei Wochen vorbereitet hatte. Mein Thema war: Kinderwunsch und Kinderlosigkeit. Davon kann man doch nicht schwanger werden«, prustet sie los.

Aber nach einer Pause wird sie wieder ernst: »Ich bin sechsunddreißig Jahre alt.« Das sagt sie nüchtern. Dann klinkt sie sich wieder aus der Beziehung mit mir aus und schaut in sich hinein. Ich warte, trage wieder meine Tarnkappe.

»Ja klar«, sagt sie nach einer Weile, mehr zu sich als zu mir, »das ist es!«, und sie betont wirklich jedes einzelne Wort dabei. Dann schweigt sie wieder und horcht in sich hinein. Ein paar Minuten vergehen. Ich höre die Vögel im Garten zwitschern. Ich höre Annette, meine unersetzliche Arzthelferin, draußen im Labor hantieren, und ich sehe, wie es in Frau Haaf arbeitet. Sie scheint vergessen zu haben, dass es mich gibt. Ich bin still. Später wundere ich mich dann doch, dass sie so gar nicht zu merken scheint, dass sie hier bei mir sitzt und die Zeit vergeht. Ich denke an die wartenden Patienten draußen, da fängt sie endlich an zu sprechen:

»Das ist es!«, wiederholt sie und jetzt schaut sie mich an. Sie merkt, dass sie ganz weit weg war, oder besser gesagt ganz da, ganz bei sich und ganz weg von mir. Sie erzählt, was sie bewegt und in sich entdeckt hat:

»Es ist so, dass ich in Scheidung lebe. Meine siebenjährige Ehe war kinderlos, obwohl wir beide nie verhütet haben. Klar, Kinder wären eine Störung für unsere Berufspläne gewesen. Aber eine willkommene Störung. Dann gingen wir auseinander, ohne Krach, ohne Krise, einfach so. Wir zogen uns nur einfach nicht mehr gegenseitig an ...«, und jetzt lacht sie wieder, »... und deshalb wohl auch nicht mehr aus. Da war ich froh, dass es nicht geklappt hatte mit dem Kinderkriegen.« Und wieder nachdenklich geworden, fährt sie fort: »Jetzt wird es langsam Zeit. Ich bin sechsunddreißig. Ich habe nur noch ein paar Jahre Zeit. Mein jetziger Lebensabschnittspartner ist sehr lieb. Er würde Kinder sicher in Kauf nehmen, aber mehr auch nicht. Außerdem könnte ich, wenn ich Kinder hätte, mein Diplom nicht nachmachen, könnte auch meinen Job nicht weitermachen. Damit finanzieren wir uns doch. Also, es geht nicht. Und dennoch ...«

Sie lässt den Satz in großer Traurigkeit unvollendet und hat doch alles gesagt.

Spekulationen

Herr Zurbrücken hat einen unerfüllten Kinderwunsch.

Er ist Universitätsdozent im Psychologischen In-
stitut. Weil er etwas schüchtern ist, hat er erst spät
eine Frau gefunden, obwohl er groß und schlank
ist, mit fein geschnittenen Gesichtszügen, und
obwohl hinter seiner runden Nickelbrille dunkel-
braune, sehr wache und warmherzige Augen seine
Attraktivität verstärken. Inzwischen ist er schon
neun Jahre verheiratet. Seit sechs Jahren versuchen er und seine Frau ein Kind zu bekommen.
Herr Zurbrücken sitzt nun vor mir und möchte
eine Überweisung zum Urologen für eine Untersuchung seines Spermas.

Anderthalb Monate später sitzt er wieder vor mir,
er ist ziemlich deprimiert. Der Urologe hat bei
ihm leider eine »Asthenozoospermie bei Varikoze-
le links« festgestellt. Auf Deutsch: herabgesetzte
Beweglichkeit und damit geringe Befruchtungs-
fähigkeit der Samenzellen bei Krampfader im Ab-
flussgebiet des linken Hodens. Die Krampfader
wollte der Urologe operieren. Da hat Herr Zurbrücken die Flucht ergriffen.

Zwei Wochen später bekommt Herr Zurbrücken
eine Blasenentzündung, die der Urologe behandelt, wiederum zwei Wochen später eine zweite,
die wieder der Urologe behandelt. Jetzt sitzt er
mit der dritten bei mir. Das Vertrauen zum Urologen hat er verloren.

Ich schlage ihm eine intensive Antibiotika-Behandlung vor. Damit ist Herr Zurbrücken zwar einverstanden, aber in erster Linie möchte er von mir endlich wissen, was die Ursache seiner gehäuften Harnwegsinfekte sei.

Seine Frau habe ihn schon gefragt, ob er eine Freundin habe. Das sei nicht der Fall. Harnwegsinfekte seien außerdem nicht sexuell übertragbar, füge ich hinzu. Aber es könnte sich um eine Abwehrschwäche handeln.

Nein, nein, er habe keinen Stress.

Ob ich denn meine, er wolle keine Kinder bekommen, fragt er mich plötzlich.

Ich beginne mich unwohl zu fühlen. Das kann er doch eigentlich nur selbst wissen. Ich höre den Selbst-Vorwurf heraus: »Du willst ja gar nicht, hast es nie gewollt, gibst es nur nicht zu.« Und es drängt mich, diesem kleinen Teufel in ihm selbst zu widersprechen. Vielleicht denkt er: ›Mein Unterbewusstes will kein Kind. Mea culpa, mea culpa, mea maxima culpa.‹

Er kann das nicht widerlegen, denn er weiß schließlich nicht, was das Unbewusste weiß. Dieser Selbstzerfleischung muss ich einfach ein Ende machen. Mit all meiner ärztlichen Autorität wische ich diese Theorie als zu spekulativ vom Tisch, wechsle das Thema.

Mir fiele auf, sage ich, dass die Harnwegsinfekte erst nach dem Besuch beim Urologen aufgetreten seien. Ob dieser denn eingreifend untersucht und dabei vielleicht Keime eingeschleppt habe.

Nein, das nicht. Aber er sei, ohne um Erlaubnis gefragt worden zu sein, – schwuppdiwupp, Hose runter, Finger rein – rektal untersucht worden, was sehr weh getan habe.

Und als der Urologe von einer kleinen Operation gesprochen habe, sei ihm kurzzeitig schwarz vor Augen gewesen.

Er ärgere sich heute noch über sich selbst, dass er dem Kollegen nicht die Meinung gegeigt habe.

Dies sei vielleicht die psychosomatische Ursache seiner Harnwegsinfekte, spekulieren wir beide: die Grenzüberschreitung des Arztes, Herrn Zurbrückens Ohnmacht und die drohende Operation.

Anderthalb Jahre später berichtet mir Herr Zurbrücken, dass er bei einem zweiten Urologen war, sich aber nicht habe operieren lassen.

Außerdem stellt er mir stolz seine acht Monate alte Tochter vor.

Schon gestern, als Herr Mahr sein Attest für das Versorgungsamt abholte, hatte ich ein ungutes Gefühl.

Jetzt sitzt er wieder vor mir, frontal, Stuhl gegen Stuhl, nichts zwischen ihm und mir, was mich vor ihm beschützen könnte. Ich fühle mich wie festgenagelt. Er sitzt da, unübersehbar in seiner Leibesfülle, mit seinem großen runden Gesicht, den roten Backen und dem flaumigen Oberlippenbärtchen. Es kommt mir so vor, als wolle er, die Schlange, mich, das Kaninchen, verschlingen. Dunkle Gewitterwolken ziehen über sein Gesicht. Neben uns auf den Tisch legt er zwei Kopien des Attestes, eine auf meinen Platz, zum Mitlesen, eine auf seinen, damit er das Attest Satz für Satz auseinander nehmen kann.

Ärztlicher Befundbericht

»Ich kenne Herrn Mahr seit dem 01. Juli 1993. Damals gab er aus orthopädischer Sicht ein Bandscheibenschaden, eine Skoliose und eine Ischialgie an. Aus dementsprechenden Rückenschmerzen heraus war er nicht zu allen Arbeiten am Arbeitsplatz in der Lage und bekam von daher schwere Konflikte dort, die letztenendes in einer Kündigung und Verlust des Arbeitsplatzes endeten. Zugleich fiel damals bereits eine deutliche seelische Krise auf Grund der aufgetretenden Konflikte auf. Der sehr zurückhaltende Patient wirkt auf mich seither deutlich latend depressiv. Er

lebt allein mit seiner Mutter zusammen und hat kei-
nen neuen Arbeitsplatz gefunden. Versuche von mir,
daß Geschehen psychotherapeutisch aufzuarbeiten,
sind bis jetzt gescheitert. Nebenbefundlich besteht
ein Übergewicht von circa 20 kg.
Im September 1994 kam es im Bereich eines alten
Bänderrißes am oberen Sprunggelenk links wieder-
rum zu einer Teilruptur der Außenbänder am lin-
ken oberen Sprunggelenk. Dort bestehen auch nach
einem halben Jahr noch starke Schmerzen mit einer
deutlichen Beugehemmung und Druckschmerzen in
der Gegend des volaren Sprunggelenks links.
Außerdem besteht anamnestisch eine Gelenksluxa-
tion rechtes Handgelenk mit zeitweiliger Gelenk-
blockierung bei geringfügigen Bewegungen, ein
deutliches BWS- und LWS-Syndrom bei Skoliose,
sowie eine Schultergelenkssubluxation rechts.«

Herr Mahr sagt nichts. So herrscht dicke Luft, die
allmählich unerträglich wird. Da bleibt mir nur
die Flucht nach vorne:
»Jetzt wollen Sie den Inhalt sicher mit mir disku-
tieren und mich kritisieren.«
»Richtig«, bestätigt Herr Mahr in sarkastischem
Ton.
»Ich habe in dem Attest auch nur meinen Ein-
druck beschrieben«, schwäche ich vorbeugend ab.
»Das mag hier in der Praxis so aussehen, als ob ich
zurückhaltend wäre. Bin ich aber im normalen
Leben nicht.«
Mag sein.
Ich wechsle lieber das Thema:

»Ich habe den Eindruck, Sie sind darüber gekränkt, dass ich Ihre Krankheiten so drastisch formuliert habe. Andererseits möchten Sie aber doch
mit dem Attest etwas erreichen. Dazu muss es ein-
drücklich formuliert werden. Ich habe das in
Ihrem Interesse getan.«

Herr Mahr nimmt es hin und legt den Finger in
die Wunde:

»Das Attest ist schlampig geschrieben, und es sind
viele Fehler drin.«

Recht hat er. Peinlich.

Gestern sei so viel los gewesen, versuche ich zu
erklären, und deshalb hätte ich das Attest nicht
mehr durchgelesen. Sonst gehen mir nie so viele
Schreibfehler durch.

Herr Mahr, der einen Punkt gut gemacht hat, legt
nach:

»Und was heißt hier ›deutlich latent depressiv‹?«

»Versteckt niedergeschlagen«, übersetze ich.

»Ich kann nicht ›deutlich‹ und gleichzeitig ›versteckt‹ depressiv sein!«

»Doch, Sie können. Mein Eindruck ist der einer
deutlichen Depression, die für Sie aber latent,
d. h. nicht sichtbar ist.«

Dabei wird mir mulmig, gleiche ich doch einem
Psychoanalytiker, der seinem Patienten Widerstand bescheinigt. Wenn der Patient zustimmt,
hat der Analytiker Recht. Wenn der Patient verneint, hat der Analytiker auch Recht, dann ist dieses Nein der Widerstand.

Herr Mahr spricht einen weiteren Punkt an:

»Sie konstatieren ein Übergewicht von 20 kg. Sie

haben mit mir nie über mein Übergewicht und die Notwendigkeit des Abnehmens gesprochen.«

»Doch, habe ich, neulich, vorne im Flur.«

»Da ging es nicht um mich, sondern um das Übergewicht meiner Mutter, die dabei war.«

»Dann war das ein Missverständnis, ich habe ganz sicher Ihr Übergewicht angesprochen.«

»Außerdem schreiben Sie von 20 kg«, sagt Herr Mahr gedehnt, »schätzen Sie mal, wie viel ich wiege.«

Ich komme mir vor wie im Examen.

»90 kg«, tippe ich.

»85 kg bei 175 cm«, kontert er.

Durchgefallen.

Aber ich wittere eine Chance.

»Immerhin ist das Übergewicht.«

»Es gibt auch ein Wohlfühlgewicht!«

Ansichtssache. Ich hätte besser das Gewicht gemessen und beschrieben, ohne es zu bewerten, gebe ich zu.

Aber plötzlich bricht es aus mir heraus, und ich weiß gar nicht, wie mir geschieht:

»Herr Mahr, Sie haben einfach Recht: ich war sauer auf Sie. Ich bin immer noch sauer auf Sie. Und weil ich so verärgert und wütend war, habe ich das Attest mit heimlicher, mit latenter Aggression auf Sie geschrieben. Deshalb auch hatte ich keine Lust, es nach dem Schreiben auf Fehler durchzulesen, was ich sonst immer tue.

Ich finde es furchtbar und ganz schrecklich, wie Sie Ihr Leben wegschmeißen. Dreißig Jahre sind Sie alt, und Sie wollen Prozente vom Versorgungsamt. Das ist der falsche Weg. Jagen Sie alle Helfer und Ärzte, auch mich, zum Teufel. Verlassen Sie Ihre Mutter, hauen Sie ab, mischen Sie sich ins Leben ein. Heuern Sie meinetwegen auf einem Schiff an, oder werden Sie Kellner in Paris. Aber hören Sie endlich auf, Ihr Leben wegzuwerfen und Ihre Beschwerden dabei zu kultivieren.«

Inzwischen bin ich gar nicht mehr aggressiv, sondern merkwürdig bewegt, weil ich spüre, dass ich mir wirklich um ihn Sorgen mache wie um einen Sohn.

Nach diesem Ausbruch wird es ganz still im Raum. Eine Weile später sagt Herr Mahr sehr langsam, und sein rundes Gesicht wirkt verschlossen und angestrengt:

»Vielen Dank für Ihre offenen Worte. Aber ich kann doch meine Mutter nicht verlassen, weil ...«

Ich unterbreche ihn hier, ich kann nicht anders:

»Doch, Sie können. Doch, Sie können. Sie sind dreißig Jahre alt. Werden Sie erwachsen!«

»Aber ...«

Es kommen jetzt noch einige Dochs und Abers. Danach einigen wir uns auf ein neues, sachliches, weniger wertendes und schreibfehlerfreies Attest.

Herr Mahr kommt nach diesem Gespräch zwei Jahre lang nicht mehr in meine Behandlung. Ich bin wohl zu weit gegangen, denke ich.

Doch jetzt ist er wieder da. Er sagt, es sei Gras genug über unsere Auseinandersetzung gewachsen. Arbeitslos ist er immer noch, und seine Mutter hat er auch nicht verlassen.

Ich habe versucht, an ihm zu rütteln, und ich bin gescheitert, denke ich, denn er kann nicht anders. Doch unsere Beziehung ist jetzt wahrhaftiger, echter.

Dreieinhalb Jahre später kommt Herr Mahr wieder in die Praxis und liest diese ›seine‹ Geschichte. Danach schreibt er für dieses Buch:

»Ich habe eine Ausbildung zum Sozialarbeiter begonnen, die mir sehr viel Spaß macht, und ich habe dadurch ein neues Umfeld, sprich Freunde gewonnen. Ich wohne zwar immer noch bei meiner Mutter, aber die Abnabelung, das Erwachsenwerden hat begonnen. So nebenbei habe ich mein Normalgewicht erreicht. Wenn die Ausbildung abgeschlossen ist, werde ich versuchen, damit mein Geld zu verdienen.«

Alles hat seine Zeit.

Wie lang ist eine Minute?

Meine Assistenzärztin sagt, sie habe sich bei einer wichtigen Entscheidung im Gespräch mit einem Patienten eine Minute Zeit zum Nachdenken genommen. Anhand eines Tonbandmitschnittes dieses Gesprächs messen wir nach:
Es waren genau neun Sekunden. Sie kann es nicht glauben.

Frau Danz ist eine 26-jährige Patientin mit viel Gewicht und wehenden leichten Kleiderstoffen um sich herum. Sie hat immer wieder Angst vor Krebs. Das ist kein Wunder, denn ihre Mutter und ihre Schwester sind an Krebs gestorben.

Heute kommt sie in die Praxis und zeigt mir einen Knoten am Hals, den sie gestern bemerkt hat.

Ich taste einen erbsgroßen, etwas harten, glattwandigen, gut verschieblichen Knoten, den ich als einen alten vernarbten Lymphknoten deute. Er fühlt sich nicht wie ein krebsiger Lymphknoten an. Frau Danz scheint beruhigt.

Aber der Knoten sei neu.

Alt sei er, sage ich, sie habe ihn nur gestern erstmals bemerkt.

Nein, nein, er wäre ihr vorher schon aufgefallen, wenn er da gewesen wäre.

»Krebs oder nicht Krebs?«

»Wohl kaum.«

»Aber kann doch sein«, sagt sie.

»Nein, glaube ich nicht«, antworte ich.

Wir sind hoffnungslos zerstritten. Hoffnungslos?

»Nein, die Zukunft wird es zeigen«, sage ich.

»Kommen Sie wieder, wenn er größer wird.«

»Also sind Sie doch nicht ganz sicher?«

»Es gibt keine letzte Sicherheit.«

So unsicher sind wir wieder beieinander und gehen zufrieden auseinander.

Ein herzlicher Abschied

Frau Gut hat vor kurzem den Arzt gewechselt. Sie ist eine attraktive 65-jährige Witwe, die mit ihrem braunen Teint, tailliert geschnittenen Kostümen und mit einigem Goldschmuck Eindruck macht. Bei ihrem ersten Besuch in der Praxis landet sie bei meiner Assistenzärztin, beim zweiten Mal bei mir. Karin, die Ärztin, hat ihr ein von der Klinik verordnetes Herzmittel weiter verschrieben. Das Medikament ist sehr teuer, die Firma hatte früher das Patent darauf. Jetzt nach Verfall des Patentschutzes kann die Konkurrenz diese Pillen unter anderem Namen wesentlich billiger auf den Markt bringen. Wir Kassenärzte sind dazu verpflichtet, die Marktgesetze zu beachten und die preiswerteren Mittel zu verschreiben, sonst bekommen wir massive Schwierigkeiten mit den gefürchteten Prüfungsinstanzen.

Weil ich spüre, dass Frau Gut und Teuer auf dieses Mittel schwört und ich zunächst eine starke Beziehung zwischen uns entstehen lassen will, verschreibe auch ich ihr das gewohnte, teure Mittel. Ich ahne auch schon, dass Änderungen nicht so einfach werden dürften.

»Alles von der Firma ratiopharm (das ist die berühmteste Billigfirma) vertrag’ ich nicht«, sagt sie, meine Erwägungen erratend, vorsorglich zu mir.

Ich bin also zunächst vorsichtig.

Jedoch beim nächsten Besuch, als die Patientin vorne in der Anmeldung wieder das Teuer-Mittel verschrieben haben will, ohne in die Sprechstunde zu kommen, setze ich das Billig-Mittel von ratiopharm dagegen.

»Es ist derselbe Stoff in derselben Konzentration und wirkungsgleich, nur eben preiswerter.«

»Aber ich vertrage diese Mittel nicht und bin jetzt gerade glücklich, endlich eine Medikamenteneinstellung für mein Herz gefunden zu haben, mit der ich gut zurechtkomme. Ich habe überhaupt keinen Grund, etwas zu ändern.«

»Gut, dann schreibe ich Ihnen das preiswerte Mittel auf. Sie können auf dieses Rezept in der Apotheke trotzdem das teurere Mittel bekommen, müssen aber den Rest privat dazu zahlen.«

Mein Blick liegt auf der Goldkette, die sie trägt.

»Wieviel ist das denn?«

Als es immerhin 100 DM Differenz sind, ist sie gar nicht mehr glücklich.

Ich mache daraufhin einen Kompromissvorschlag:

»Ich schreibe Ihnen zwei Mittel auf: das teure, bewährte Mittel und das preiswerte Mittel, das dieselbe Substanz in derselben Konzentration enthält, aber nicht von der Firma ratiopharm hergestellt wird, gegenüber der Sie so skeptisch sind, sondern von der Firma ct. Einen Tag sollten Sie das alte Mittel nehmen, den nächsten Tag das neue, immer abwechselnd. Sie sollten dabei genau beobachten, ob Sie Unterschiede in Ihrem Befinden wahrnehmen können. Falls Ihr Befinden jeden Billig-Medikamenten-Tag schlechter ist, bin ich einverstanden, in Zukunft nur noch das teure Herzmittel zu verschreiben.«

Damit ist die Patientin einverstanden. Und ich bin stolz auf unsere Übereinkunft.

Doch weshalb ist Frau Gut nie wieder in meine Praxis gekommen?

Eine ganz normale Beziehung

Frau Franzke ist die 50-jährige Frau eines um die Ecke wohnenden Installateurs. Sie hat immer noch kein weißes Haar in ihrer schwarzen Lockenpracht, die sie in altmodischer Weise mit Kämmen aufsteckt. Noch immer hat sie eine jugendliche Figur.

Sie kommt nach sechs Jahren Unterbrechung erstmals wieder in meine Behandlung. Damals hatten wir sehr intensiv miteinander gegen ihre psychosomatischen körperlichen Beschwerden gekämpft.

Sie war dann einfach weggeblieben. Ich merkte es, weil sie mich auf der Straße bewusst zu übersehen schien. Beim zweiten Mal zur Rede gestellt, sagte sie mir damals, ich hätte ihr nicht helfen können. Sie sei jetzt zu einem anderen, zu einem naturheilkundlich orientierten Arzt gegangen.

Natürlich war das nicht angenehm für mich, aber ich habe versucht, es zu respektieren.

Jetzt ist sie wieder da, als ob nichts gewesen wäre, hat einen Termin und fängt einfach an: »Ich möchte eine Kur verschrieben bekommen ...«

»Stop«, sage ich, »zunächst müssen wir klären, was zwischen uns passiert ist.«

Sie fällt aus allen Wolken. Sie habe sich nichts dabei gedacht. Ich hätte doch nichts mehr für sie tun können. Ich hätte das doch auch damals auf der Straße verstanden. Jetzt sei die Praxis von dem anderen Arzt so voll. In letzter Zeit müsse sie dort zu lange warten. Sie brauche auch das Gespräch, und das habe sie dort nicht bekommen. Deshalb sei sie jetzt wieder hier. Sie sei sich keiner Schuld bewusst, etwas falsch gemacht zu haben.

Dann macht sie mir Vorwürfe. In der letzten Kur habe sie gelernt, etwas weniger quälende Schuldgefühle zu haben, jetzt aber fühle sie sich – durch mich – schon wieder schuldig.

»Sie sind schuldig«, entgegne ich ruhig.

Dass sie mich im Regen habe stehen lassen; sie habe mich einfach ohne Erklärung verlassen und mich nun ohne Worte nach Jahren wieder aufgesucht. Dadurch fühle ich mich behandelt wie ein erst gekauftes und dann fallen gelassenes Ding, noch dazu mit dem kostenlosen Krankenschein als Zahlungsmittel, einfach als Ware ausgetauscht, weil zum Ladenhüter geworden. Bei anderer Gelegenheit werde dieses Ding dann wieder wie selbstverständlich hervorgeholt, wenn es wieder modern geworden ist.

Sie sagt, ich hätte damals ihre Hilfeschreie auf der seelischen Ebene nicht gehört.

Das stimmt doch nicht, denke ich. Das sage ich ihr auch, füge aber hinzu, dass meine Erinnerung falsch sein mag, dass ich aber die alten Unterlagen über unsere Kontakte heraussuchen und daraufhin überprüfen wolle.

Wir trennen uns, stimmen nur darin überein, dass wir hinsichtlich der Betrachtung unserer Vergangenheit nicht übereinstimmen, dass wir beide gekränkt sind und dass wir uns beide bis zum nächsten Mal überlegen werden, ob wir es wieder miteinander versuchen wollen.

Das Unterlagenstudium ergibt eine Fülle von Notizen zu den seelischen Problemen der Patientin, und ich finde auch Vermerke über Angebote zu weiter gehenden Gesprächen, die von Frau Franzke ausgeschlagen worden waren. All das verstärkt meine vorherige Vermutung, dass ich wirklich mit dem Herzen dabei war, nun verletzen mich die Vorwürfe von Frau Franzke um so mehr. Ich sehe aber auch, dass ich schon damals von ihr zurückgewiesen wurde. Ich bekomme eine leise Wut auf Frau Franzke. Ich erlebe sie als jemanden, der mit Menschen umgeht wie mit Kegeln, die er umwirft oder wieder aufstellt, je nach Belieben. Außerdem sinkt mein Vertrauen in ihre Wahrhaftigkeit, da ich ihren Vorwurf des nicht gehörten Hilfeschreis wie einen aus der Luft gegriffenen Angriff auffassen muss.

Zum nächsten verabredeten Termin (30 Minuten) erscheint Frau Franzke nicht. Ich denke, dass sich das alte Muster wiederholt; wie damals lässt sie mich fallen, weil ich ein Ding für sie bin, und jetzt ein stacheliges noch dazu. Wie damals muss sie auch dieses Mal nichts dazu sagen, nicht einmal absagen, ich bin es nicht wert.

Zwei Tage später erscheint Frau Franzke. Sie habe gedacht, heute sei der Termin. Die Arzthelferin hat den Termin zwar für Montag eingetragen, Frau Franzke aber einen Merkzettel für Mittwoch mitgegeben. Es war unser Fehler.

Jetzt stimmt nichts mehr. Frau Franzke hat einen Schritt auf mich zu gemacht, der nur deshalb nicht gelang, weil uns ein organisatorischer Fehler unterlaufen ist. Ich nehme deshalb meinen vorher gefassten Beschluss, die Beziehung zu den Akten zu legen, zurück.

Das neue Gespräch wird davon getragen, dass die Patientin mir klar macht, dass sie nicht ahnte, wie kränkbar und tatsächlich gekränkt ich war, und dass ihr dieses Verhalten Leid tut. Sie hatte mich gesehen als einen, der Dienstleistungen erbringe. Dass sie mir als Mensch wichtig war und ist, sei eine neue und gute Erfahrung für sie.

Ich weise ihr anhand der Karteikarten nach, dass ich durchaus das Seelische gehört habe und sie akzeptiert das; vielleicht sei sie damals noch nicht so offen dafür gewesen und habe deshalb Angebote eher zurückgewiesen. »Mein altes Misstrauen«, sagt sie. Umgekehrt kann ich plötzlich die Möglichkeit einräumen, dass ich ihre Hilfeschreie – vielleicht was ihre körperliche Behandlungsnotwendigkeit betraf – nicht gehört habe. Denn was ich nicht gehört habe, daran kann ich mich auch nicht erinnern.

Frau Franzke verspricht mit mir zu reden, falls sie mich wieder verlassen will, und ich verspreche ihr, offen zu sagen, wenn ich wieder gekränkt sein sollte oder mich anderes in der Beziehung stört.

Zwei Jahre später stellen wir fest, dass unser Abkommen gehalten hat. Wir kommen oft lachend auf unseren damaligen Konflikt zurück und fühlen uns wie Kumpane.

Die Weiche ist gestellt

Manche Patienten mit unklaren Symptomen wie z. B. Müdigkeit machen eine jahrelange Weltreise von Arzt zu Arzt, von Diagnostik zu Diagnostik, von Pille zu Pille, die sie schließlich resigniert beenden, ohne Hilfe gefunden zu haben.

Frau Andersen kommt zum ersten Mal in die Praxis, und sie ist wegen ihres Symptoms auch noch nie beim Arzt gewesen. Frau Andersen ist dreiundzwanzig Jahre alt, Studentin, wirkt wie eine Grün-Alternative mit ihrem Rucksack und den weiten naturfarbenen Kleidern, ungeschminkt und sommersprossig. Sie strahlt Gesundheit aus wie eine Blumenwiese im Frühsommer.

»Mein Problem ist, dass ich immer so furchtbar müde bin«, sagt sie zu Beginn des Gesprächs.

Sie schlafe zehn Stunden. Trotzdem sei sie morgens nicht aufnahmebereit, trotzdem könne sie sich vormittags vor Müdigkeit in der Uni nur schlecht konzentrieren, nicke sogar bei Vorlesungen ein. Nachmittags müsse sie auch wieder zwei Stunden schlafen und komme dann nur schwer wieder zu sich. Abends ginge sie dann wieder früh ins Bett, obwohl sie doch Lust auf die Disko hätte.

Erst untersuche ich sie, dann beschließen wir eine Blutabnahme. Vermutlich werde das Ergebnis ohne krankhafte Befunde sein, räume ich ein.

Das scheint Frau Andersen zwar zu beruhigen, aber es macht sie auch nachdenklich. Ich warte interessiert. Dann fängt sie an zu sprechen. Sie sei unzufrieden mit sich selbst. Sie wolle viel ergründen, viel erreichen im Leben. Sie krempele gerne die Ärmel auf und sei gern aktiv. Konzentriert zu arbeiten, das sei ihr »Ich«. Ihr passiver Teil sei ihr sehr fern, der komme von außen und störe sie. Sie könne ihn nicht als Teil von sich akzeptieren. Aber er sei nun mal ein Teil von ihr, beharre ich und ich rate ihr, ihn anzunehmen wie ein ungezogenes Kind, das man dennoch liebt. Sie könne sich auch weitergehend fragen: was ist daran befriedigend zu schlafen; was ist schön daran, sich nicht zu konzentrieren; was macht es so angenehm, faul zu sein, zu genießen, sich gehen zu lassen?

Es ist ein völlig neuer Gedanke für sie, dass sie auch versuchen könnte, diesen Teil von sich positiv zu sehen. Bisher fand sie ausschließlich ihren Leistungs-Anteil positiv. Aber die Erleichterung darüber, vielleicht auch mal faul und dafür genussvoll leben zu dürfen, ohne das abwerten zu müssen, ist ihr deutlich anzumerken. Die Erlaubnis durch die Autoritätsperson Arzt ist der erste Schritt in diese Richtung, die eigene Erlaubnis der zweite.

Die Weiche ist gestellt. Der Zug kann in Zukunft auf beiden Gleisen fahren.

»An sich geht's mir gut – ich bin nur krank«

»An sich geht's mir gut – ich bin nur krank.« Das sagt Frau Hauber, nachdem wir uns zusammen an den Sprechtisch gesetzt haben.

Dazu muss sie lachen, muss ich lachen, lachen wir zusammen.

Was denn? Geht es ihr gut, oder ist sie krank?

Beides. Sie ist glücklich. Daher brauche ich mich heute nicht um ihre Seele zu kümmern. Aber ich soll es wissen und mich mit ihr freuen. Krank ist sie dennoch – wenn das auch ihr Glück nicht schmälern kann.

Erst viel später kommen wir auch auf ihre Krankheit zu sprechen.

Paradox

Seine Finger zittern vor besonders aufregenden Situationen wie vor Prüfungen oder vor Auftritten. Er ist Musiker.

Er habe keine Angst, sagt er. Er brauche auch keine Angst zu haben, die Prüfungen und Auftritte seien alle gut gegangen. Aber er schäme sich so. Ich lasse ihn mir die Hand mit gespreizten Fingern entgegen strecken und halte meine Hand, in spiegelbildlich gleicher Stellung, direkt daneben. Sein »Zittern« ist von meinem nicht zu unterscheiden.

Hier, in der Untersuchungssituation, zittere er nicht, sagt er entschuldigend, weil keine Zuhörer und keine Prüfer seiner Leistungen da seien. Außerdem wolle er mir das Zittern zeigen, und prompt trete es nicht auf. Der Vorführeffekt. Es käme nur auf, wenn die Situation brisant sei. Dann verbiete er sich das Zittern, und prompt sei es da.

Also, führe ich den Gedanken fort, solle er sich in Zukunft das Zittern verordnen; je brisanter die Situation, um so mehr solle er versuchen zu zittern.

Er sagt, das könne er nicht.

Doch er versucht es. Aber das Zittern gelingt ihm nicht mehr.

Mit Frank habe ich in den 60er Jahren Fußball ge-spielt. Er ist größer als ich, und ich bringe es schon auf 1,90 m. Stärker ist er auch. Ich hätte nicht gerne in der gegnerischen Mannschaft ge-spielt. Auch heute noch joggt und schwimmt er und läuft Marathon.

Auch auf mancher Demonstration waren wir früher zusammen, Alt-68er eben.

Später habe ich ihm dann einmal als Arzt aus einer ernsten Lebenskrise geholfen.

Frank kommt selten in meine Praxis, aber wenn er kommt, dann braucht er wirklich Hilfe. Das letz-te Mal war er vor acht Monaten da und knüpft heute genau da an, wo er damals stehen geblieben war, so als ob es gestern gewesen wäre.

»Ich hab' immer noch ein bisschen Angst, dass ich was am Herz hab'. Wenn ich zur Ruhe komme, wird es unruhig und stolpert ...«

So fängt er an.

Erst gehen wir das Symptom medizinisch an, beschreibend, umschreibend, einkreisend, ab-wägend. Ein Herzfehler? Ein Herzinfarkt? Eine Herzmuskelentzündung? Oder? Alles nicht wahr-scheinlich, aber wir wollen das doch prüfen.

Dann kommen wir sehr schnell zu seiner Angst vor einem Versagen des Herzens, zu seiner Todes-angst.

Frank beschreibt, dass er seit frühester Kindheit, gerade auch durch den Einfluss der katholischen Kirche auf sein Leben, massive Todesängste habe.

Dieser Satz macht mich augenblicklich sehr hell-hörig, vergeht doch keiner meiner eigenen Tage ohne Todesangst, und auch ich bin katholisch er-zogen worden. Dieser Gedanke ist mir für meine Lebensgeschichte neu. Sollte es da wirklich einen Zusammenhang geben? Frank war Messdiener wie ich. Er musste bei vielen Beerdigungen minis-trieren wie ich. Und er hatte wie ich den ans Kreuz geschlagenen Christus immer vor Augen. In seinen Träumen tagte wie in meinen das Jüngs-te Gericht.

Allerdings spürt er heute noch seine Angst von damals, ich meine nicht mehr.

Auch für die Gegenwart entdecken wir eine wich-tige Gemeinsamkeit: wir genießen unser Leben in der tagtäglichen Illusion unsterblich zu sein. Aber tagtäglich entsetzt uns dennoch die grauenvolle Gewissheit sterben zu müssen, nicht umhin zu können, die Endlichkeit unseres Ichs bei gleich-zeitiger Unendlichkeit des Außen zu akzeptieren. Beide spüren wir dieses Entsetzen, aber auch das Glück, damit nicht allein zu sein.

Gegen Ende seines Besuches geht es wieder klas-sisch medizinisch zu. Ich untersuche ihn, mache ein EKG.

Bevor er geht, umarmen wir uns.

Gespür und Technik

Frau Petry kommt in die Praxis und klagt über die typischen Anzeichen einer Blasenentzündung: sie müsse häufig aufs Klo, und dabei brenne es. Der körperliche Untersuchungsbefund ist unauffällig, ebenso die Laboruntersuchung des Urins.

Aber die Patientin sagt, bei ihr sei es immer so, sie könne eine Blasenentzündung schon sehr früh spüren. So legen wir denn eine Urinkultur an, um am nächsten Tag ablesen zu können, ob Bakterien gewachsen sind. So lange, wie die Urinuntersuchung nichts zeigt, gehe ich eher davon aus, dass es sich um eine harmlose Reizblase handelt.

Recht habe ich, der Urin am nächsten Tag ist wieder in Ordnung.

Aber die Beschwerden sind geblieben, trotz vieler Flüssigkeit und Wärme.

Und doch hat auch sie Recht; denn wieder einen Tag später zeigt jetzt die Untersuchung des neuesten Urins einen massiven Infekt.

Frau Petry war also besser als das Labor, schneller und sensibler. Zum Glück habe ich mich nicht auf das Laborergebnis verlassen.

Ich erzähle das Annette, meiner Arzthelferin, und was erzählt sie mir? Alte Kamellen – auch sie könne es immer vorher spüren, wenn sie eine Blasenentzündung bekomme, bevor der Urinbefund »positiv« werde.

Ein glücklicher Versprecher

Frau Barth ist eine mollige, lustige Frau um die fünfzig. Mit Rollkragenpulli, Faltenrock und Perlenkette sitzt sie vor mir. Sie hat eine akute allergische Erkrankung. Das Gesicht, der Mund und manchmal auch der Schlund sind stark geschwollen, so dass Erstickungsgefahr entsteht. Bei Frau Barth ist die Gefahr schon vorbei. Der Notarzt hat Cortison gespritzt. Es gelingt uns in der Folge, die Allergie über Laboruntersuchungen nachzuweisen. Es gelingt uns aber nicht, den auslösenden Stoff zu finden. Psychische Erklärungsmöglichkeiten gebe es nicht, teilt Frau Barth mir mit. Zwei Tage später kommt sie wieder. Jetzt ist die rechte Gesichtshälfte etwas gerötet und geschwollen, in der rechten Mundschleimhaut findet sich eine kleine belegte Wunde, eine Aphte. Außerdem berichtet die Patientin über eine schon vor dem Quincke-Ödem wieder aufgeflammte Hautentzündung und über abrupt auftretendes einmaliges Erbrechen. All das ist ihr gut bekannt – in Lebenskrisen.

So begeben wir uns jetzt beide doch auf die Suche nach seelischen Ursachen.

Da ist der Schmerz über die Trennung von ihren erwachsenen Kindern und die Angst um ihren Sohn. Beides aber gesteht sie sich nicht ein. Die Kinder müssten doch auf eigenen Füßen stehen und allein zurechtkommen. Diese falschen Gefühle erinnerten sie an das Scheitern ihrer Ehe. Sie wäre damals damit zufrieden gewesen, gut und bescheiden miteinander zu leben. Aber ihr Mann wollte hoch hinaus. Sein Ehrgeiz machte ihn kaputt und die Familie dazu. Sie dagegen hätte eigentlich – sagt sie ironisch – nur wie eine Henne glucken wollen, und das sei falsch gewesen.

»Sie wollen eigentlich immer nur glücken – ähh – glucken?«, frage ich sie.

»Stimmt«, sagt sie, »und der Versprecher stimmt auch.«

So stellt sie fest, dass ihre Gefühle ganz in Ordnung sind.

Eindringliche Fragen 1

Frau Otto ist eine 28-jährige Patientin mit einer Schizophrenie, die bis vor einigen Jahren immer wieder in Schüben aufgetreten ist.

Es war schwer, eine Vertrauensbeziehung mit ihr aufzubauen. Sie versteckte sich während unserer Termine meist hinter ihren langen schwarzen Haaren, senkte den Blick und gab wortkarge Antworten auf meine Angebote, mit ihr ins Gespräch zu kommen. Sie hatte ganz offensichtlich Angst vor mir. Aber sie musste in die Praxis kommen, denn sie brauchte und braucht regelmäßig ein neues Rezept für das starke Medikament, das sie auf Dauer einnimmt, um keinen neuen Erkrankungsschub zu bekommen. Außerdem muss sie regelmäßig ihr Blutbild kontrollieren lassen, weil dieses Mittel oft Blutbildstörungen hervorruft, die rechtzeitig erkannt und behandelt werden müssen.

Ganz allmählich wurden wir über die Jahre hinweg doch miteinander vertraut. Sie kann mir jetzt in die Augen sehen und auch mal ihre Haare zurückstreichen. Manchmal erzählt sie mir etwas aus ihrem Leben, auch wenn es nur kleine Mosaiksteinchen sind. Zum Beispiel berichtet sie, dass sie ihren Vater am letzten Wochenende besucht hat.

Das Medikament, das sie einnimmt, ist sehr stark. Frau Otto fürchtet sich davor. Aber sie nimmt es ein, weil ihre Angst vor der Krankheit noch größer ist.

Jetzt hat sie in der Beilage der Medikamenten-packung gelesen, dass das Mittel auch »Verände-rungen des Kurvenverlaufs im EEG und dosisab-hängige Erhöhung der epileptischen Krampfbe-reitschaft, gelegentlich myoklonische Zuckungen u./o. generalisierte Krampfanfälle ...« auslösen kann.

Selbst für mich als Arzt klingen diese Formulie-rungen bedrohlich. Ich konnte diese Nebenwir-kungen allerdings noch nie beobachten und habe trotzdem weitreichende Erfahrungen mit dem Medikament. Doch nichts kann ihr wirklich die Angst nehmen. Auch, dass sie keine Zuckungen oder Krämpfe hat, beruhigt sie nicht. Sie bittet um eine Überweisung zu einem Neurologen, der ein EEG, eine Messung der elektrischen Hirn-ströme, durchführen soll. Sollte das in Ordnung sein, wären ihre Ängste ausgeräumt. Das kann ich verstehen. Also überweise ich sie zu Dr. Rand.

Vierzehn Tage später ist sie wieder bei mir. Sie habe doch nur das EEG machen lassen wollen. Aber Dr. Rand habe gefragt und gebohrt, sei immer weiter in ihre Lebensgeschichte einge-drungen. Früher habe sie ihren Krankheitsverlauf gern erzählt, auch wenn es immer wieder dasselbe war. Jetzt aber sei sie in einer Lebensphase, in der sie lerne, normal zu leben. Sie nehme jetzt neue, erwachsene Beziehungen zu ihrem Vater auf. Sie habe eine Ausbildung zur Buchhalterin abgebro-chen, die zu ihrer Person nicht passe. Statt dessen sei sie jetzt Verkäuferin in einem Blumengeschäft. Sie habe doch Blumen so gern, und jetzt habe sie auch den Mut, mit Kunden zu arbeiten. Und sie habe ihre Wohnverhältnisse verbessert. Sie wohne jetzt nicht mehr mit anderen »Psychotikern« in einer therapeutischen WG zusammen, sondern habe sich eine eigene WG mit »Normalos« gesucht. Sie sei stolz auf diese Schritte, mit denen sie immer mehr aus dem Ghetto der Psychotiker aussteige.

Das Furchtbare am Arztbesuch bei Dr. Rand sei gar nicht mal so sehr sein Fragen gewesen. Tatsächlich habe das bei ihr die ganze Geschichte wieder hochgebracht, die sie doch im Moment beiseite stellen wolle, um sich dem gesunden Leben zuzuwenden. Das Furchtbare sei vielmehr gewesen, dass sie brav geantwortet hätte; dass sie keine einzige Antwort verweigert hätte; dass sie willenlos und ohnmächtig den Fragen gegenüber war, klein, schwach und ohne Widerstand.

Aber während sie das erzählt, wirkt sie nicht willenlos und ohnmächtig, nicht klein, nicht ausgeliefert und nicht schwach. Aufrecht und mit blitzenden Augen sitzt sie mir gegenüber, die schwarzen Haare weit zurückgeworfen. Schön sieht sie aus.

Dr. Rand schreibt in seinem Arztbrief über den Besuch der Patientin:

»Die Vorgeschichte von Frau Otto darf ich als bekannt voraussetzen. Patientin stellte sich vor zur EEG-Kontrolle, weil sie seit 1993 ohne Unterbrechung das Medikament L. einnehme. Das EEG zeigte keine Auffälligkeiten.«

Nichts von Fragen und Antworten.

Eindringliche Fragen 2

Frau Astra, die Patientin mit der Stoppuhr, kommt in die Praxis. Nach der Begrüßung legt sie mit nachdenklichem Gesicht eine Liste von Fragen auf den Tisch und liest sie vor:

Wieviel Zeit bekomme ich heute?

Wenn jetzt ein Wunder geschieht und die zehn Minuten, die jetzt kommen, Ihnen gehören: was ist dann Ihr tiefster Wunsch sie zu nutzen?
a) ... mit mir?
b) ... wenn Sie entscheiden können, ob ich da bin oder nicht: mit mir oder allein?
Wie geht es Ihnen?
Was sagt Ihnen Ihre Intuition, wie alt Sie werden?
Wenn Sie mich auf einer Skala: »Wie gerne arbeiten Sie mit mir als Patientin« – einschätzen sollten zwischen 1 und 6 (wie Schulnoten: 1 = sehr gern ... 6 = sehr ungern), wie würden Sie das Arbeiten mit mir bewerten?
Könnten Sie sich vorstellen, mich weiter krankzuschreiben?

Ich bin amüsiert und beantworte alle diese Fragen gerne und genau.
Frau Astra hat sich ausbedungen, dieses lesen zu dürfen, bevor sie entscheidet, ob ich es veröffentlichen darf. Ich habe sie natürlich gefragt.

Doppelte Bedeutungen

Ein 23-jähriger Patient kommt am Montagvormittag in die Praxis. Seine langen blonden Haare sind mit einem Gummiband hinten zum Pferdeschwanz zusammengehalten. Er ist zwar hager, aber gesund und hat wache, blaue Augen:

»Ich hab' nix Großes, ich war am Freitag nicht in der Schule, hatte Kopfschmerzen und Erbrechen, und ich brauche ein Attest.«

Ich antworte:

»War es ungefähr so: Sie hielten es im Kopf nicht aus, und es war zum Kotzen?«

»Ja, genau.«

Und verblüfft: »Wenn man das so auf den Kopf zugesagt bekommt, kann man sich doch an den Kopf fassen.«

Und er fasst sich an den Kopf und stutzt.

Die Macht des Gesprächs

Wir sind im Erkältungsmonat Januar, und wieder ist der nächste ein Erkältungs-Patient, Herr Wagner, dreiunddreißig Jahre alt, Lehrer, mit ordentlicher, sehr kurz geschnittener Frisur, locker wie ein 20-Jähriger, hustend, schniefend, mit roter Nase.

Ganz nebenbei gibt er mir eine Rückmeldung: Er war das letzte Mal vor über fünf Jahren wegen Hodenschmerzen in der Praxis. Damals, so sagt die Karteikarte, tat der rechte Hoden manchmal weh, ein leichter, ziehender Schmerz, seit einer Woche sei der Hoden zusätzlich ein bisschen überempfindlich gewesen.

Ob er Angst habe, fragte ich damals.

Er bejahte das.

Aber dann erwähnte er auch, wenn er fluche, sage er immer: Das geht mir echt auf'n Sack!‹

Dann steht da die Diagnose des Patienten »Angst vor Hodenkrebs« und mein ärztliches Untersuchungsergebnis: »Hoden und Nebenhoden ohne krankhaften Befund«.

Die Rückmeldung jetzt lautet: er habe nach diesem Gespräch nie wieder Schmerzen am Hoden gehabt und nie wieder Angst vor einem Hodentumor.

Dabei habe ich doch gar nichts Besonderes gemacht.

Der Handel

Patient: Ich habe mir eine Erkältung eingehandelt.
Arzt: Was haben Sie dafür bezahlt?
Patient: Ich habe zu viel für jemand anderen geschuftet.

Herr Kalinor®

Herr Metz ist mir seit vielen Jahren als Patient wohlbekannt. Er ist ein lebenserfahrener 66-jähriger Rentner mit Schiebermütze, ein stiller und bescheidener Mann. Er hat hohen Blutdruck und Diabetes, ist übergewichtig, bewirtschaftet aber sein Gartengrundstück mit viel Kraft, Ausdauer und Liebe. Das sehe ich manchmal mit Sorge, denn er hatte schon zwei Herzinfarkte. Zweimal schon haben wir lebensgefährliche Notfälle gemeinsam und mit Hilfe guter Notärzte überstanden.

Jetzt haben ihm die Herzärzte in der Klinik nicht nur einen Schrittmacher unter die Haut gelegt, sondern sogar einen Defibrillator. Dieses Gerät spuckt bei Herzflattern oder gar Herzflimmern lebensrettende massive Stromstöße aus. Er nennt es liebevoll seinen »Defi«.

Vor ein paar Tagen ließ Herr Metz sich Blut abnehmen, um das Kalium im Blut kontrollieren zu lassen. Wegen Wassereinlagerungen in den Beinen muss Herr Metz wasser- und salztreibende Mittel einnehmen. Als Nebenwirkung können sie aber eine Kaliumverarmung des Organismus hervorrufen. Das wiederum kann eine Ursache für die von uns gefürchteten Herzrhythmusstörungen sein. Dagegen nimmt er dann entsprechend den aktuellen Blutwerten seit Jahren Kalinor® ein.

Um mich vorzubereiten, sehe ich mir auf dem Weg zwischen Sekretariat und Wartezimmer noch einmal die Blutergebnisse an: das Kalium ist zu niedrig. Herr Metz muss dringend mehr Kalinor® einnehmen. Das werde ich ihm gleich eröffnen.

Und ich rufe ihn im Wartezimmer auf:

»Herr Kalinor, bitte!«

Erstaunte Gesichter der anwesenden drei oder vier Patienten. Erst möchte ich vor Scham in den Boden versinken, dann muss ich richtig lachen. Aber Herr Metz, den ich angesprochen habe, verzieht keine Miene, steht auf und fragt:

»Sie meinen, ich muss mehr Kalinor einnehmen?!«

Du bleibst da

Nicht viel Betrieb heute. Das große Wartezimmer ist fast leer.

Auf dem Sofa sitzen in engem Körperkontakt Herr Meier und seine Freundin. Herr Meier ist ein junger Mann, ein dunkler, sportlicher Typ, sehr attraktiv. Seine Freundin, auch dunkelhaarig und sehr modisch angezogen mit einem auffallend roten Kleid, wirkt noch attraktiver.

Als ich ihn aufrufe, erhebt er sich, dreht sich zu ihr um und sagt sehr bestimmt:

»Du bleibst da!«

Während ich Herrn Meier ins Sprechzimmer geleite, sage ich dazu im Spaß:

»Sie können sie gerne mit hereinnehmen, wenn Sie befürchten, dass sie sonst weggeht.« Er lacht und winkt ab. Unser Gespräch beginnt.

Er habe letzte Woche wieder Herzjagen gehabt. Das sei im »Nicht-Stress« aufgetreten. Fahrrad sei er gefahren, im Gegenwind, von seinem Vorort bis in die Stadtmitte, ins Arbeitsamt.

Das höre sich aber gar nicht so sehr nach »Nicht-Stress« an, wundere ich mich. Eine längere Strecke Fahrrad fahren, Gegenwind, Arbeitsamt. Er wird nachdenklich. Ich frage: »Was bedeutet das Arbeitsamt für Sie?«

Da kommt es wie aus der Pistole geschossen:

»Nicht zu wissen, wohin ich für meinen Job geschickt werde. Die ganze große Republik kommt in Frage und das wird heißen: in der Woche allein in einer fremden Stadt, nur noch eine Wochenendbeziehung haben, ein Pendeln zwischen Beziehung und Nichtbeziehung.«

Er habe Angst, seine Freundin könne ihn deshalb verlassen. Andererseits hoffe er auf einen neuen Job, den es aber in seiner spezialisierten Branche hier in unserer Kleinstadt nicht gebe. Dieser Konflikt bedeute für ihn jede Menge Stress. Daher also das Herzjagen.

Als Herr Meier ins Wartezimmer zurückkommt, ist seine Freundin noch da.

Lichtes Dämmern

Zu meinen Patienten im Pflegeheim gehört auch Frau Früh, eine 95-jährige, sehr zierliche, sehr hinfällige Patientin. Sie ist bettlägerig und kann sich wegen starker Knochen-, Gelenk- und Muskelschmerzen nicht einmal ein bisschen im Bett drehen, außerdem ist sie vollständig erblindet. Sie weiß meist nicht wo sie ist, und sie lebt vorwiegend in der Vergangenheit, in der ihre Eltern noch lebten und auch ihr vor vielen Jahren verstorbener Mann.

Einmal erzählt sie mir, ihr Mann sei vorhin spazieren gegangen, in einen tiefen Wald, und sie mache sich Sorgen, wann er endlich wiederkomme; ein anderes Mal berichtet sie, er kaufe Weihnachtsgeschenke und sei noch nicht zurück; ein drittes Mal fragt sie die Schwester im Pflegeheim, ob sie ihren Mann auch so gut pflege.

Manchmal erkennt sie mich. Gespräche mit ihr sind nur begrenzt möglich. Stets folgen gedankliche Verwirrung und unverständliche Sprachfetzen – bis sie schließlich schweigt.

Einmal frage ich sie: »Brauchen Sie mich heute?« Sie antwortet: »Nein. Das ist einerseits schade, andererseits beglückend.«

Über solch differenzierte Äußerungen freue ich mich und bin verblüfft, weil sie doch meist in ihrer nebelhaften Welt ist – oder scheint mir das nur so?

Wie jedes Mal am ersten Tag nach meinem Sommerurlaub bedrückt mich heute die Visite im Pflegeheim besonders, denn ich sehe dann überall nur die Verwirrung, all den Verfall.

Doch Frau Früh heitert mich wieder auf:

»Wie geht es Ihnen«, frage ich sie, um so Kontakt aufzunehmen, da sie mich ja nicht sehen kann.

»Von mir aus gesehen gut, von Ihnen aus gesehen nicht so gut.«

»Meinen Sie damit, von Ihrem Gefühl her gut, aber wenn man von außen urteilt, nicht so gut?«

»Ja, genau. Aber das muss Ihnen, Herr Doktor, doch auch ein gutes Gefühl machen, wenn es mir von innen her gut geht ...«

»So ist es. Ich freue mich.«

»Es ist so wichtig, mitzufühlen«, ergänzt sie.

Später sagt sie:

»... der Herrgott will mich noch nicht.«

»Ist das schade oder schön?«

»Schön«, sagt sie sofort und heftig.

»... dass Sie doch noch Lebensfreude haben«, versuche ich nachzuvollziehen.

»Ja, die habe ich. Nur einmal, da wurde mir ein Kind genommen ...«

Und sogleich taucht sie wieder in ihr Dämmern ein.

Hilflosigkeit als Hilfe

»Was soll ich nur machen?«, fragt Frau Reiber.

»Was soll ich nur machen?«, denke ich.

Frau Reiber ist von weit her gekommen, vom Land, 30 km ist sie gefahren. Ich scheine ihr letzter Strohhalm zu sein. Ihr Therapeut, mit mir gut bekannt, hat sie geschickt; offenbar, weil auch er sich fragte, was er nur machen solle.

Frau Reiber ist vierzig Jahre alt, legt sehr viel Wert auf ihr Äußeres, trägt Kostüm und alten Schmuck und wirkt rundum lebenstüchtig. Aber seit zwei oder drei Jahren sei sie in Therapie. Vor fünf Wochen habe sie eine Fehlgeburt gehabt. Sie arbeite im Verkauf. Weil sie wegen der Schwangerschaft so lange gefehlt habe, sei ihre Chefin ihr gegenüber verständlicherweise aggressiv und behandle sie jetzt wie den letzten Dreck. Sie könne aber nicht kündigen, weil sie auf das Geld angewiesen sei. Sie lebe von ihrem zweiten Mann getrennt. Ihre Beziehungen würden immer wieder an der Unerfüllbarkeit ihres Kinderwunsches zerbrechen. Letztes Jahr habe sie einen Selbstmordversuch unternommen.

Sie sei in Therapie, Tabletten wolle sie nicht einnehmen, eine Krankschreibung komme nicht in Frage, sie brauche aber dringend Hilfe.

Dies alles ist wie ein Orkan, der da über mich hinwegfegt. Sie sieht mich erwartungsvoll an und die Gürtelrose, die ich gerade habe, schmerzt immer mehr.

Ich nehme allen Mut zusammen und sage ihr,

dass ich mich hilflos fühle, weil mir nichts anderes einfällt. Daraufhin erwarte ich fatalistisch das sofortige Scheitern unseres Gesprächs.

Aber Frau Reiber antwortet:

Ganz so sei es nicht, dass sie völlig gegen Medikamente sei. Vielleicht gäbe es etwas Natürliches für einen milden Stimmungsausgleich und einen besseren Schlaf. Und vielleicht könnten wir gemeinsam eine Kur für sie planen ...

Der Termin ist gerettet.

Frau Grün war vor fünfzehn Jahren das letzte Mal bei mir. Damals brauchte sie einen Rötelntest, weil sie Kinder plante, die sie inzwischen auch bekommen hat.

Obwohl sie sehr lange nicht da war, fühle ich mich gleich vertraut mit ihr, vielleicht, weil wir früher auf dieselben Demonstrationen gegangen sind. Heute sehen wir beide gesetzter und älter aus als damals, obwohl sie Pulli, Jeans und Sandalen trägt, bei mir der weiße Kittel fehlt und die Schuhe immer noch schäbig sind. Ein bisschen fühlen wir uns noch so, als ob vorgestern die letzte Demo gewesen wäre.

Sie suche jetzt in mir einen ganzheitlichen Hausarzt, sagt sie, der sie als ganze Person wahrnehme. Das nehme ich mir zu Herzen.

Konkret möchte sie heute einen Durch-Check, weil sie Angst davor habe, dass der Erregungs-Erschöpfungs-Zustand, in dem sie sich befinde, über ihre Kräfte gehe und sie körperlich krank mache. Vor einigen Jahren, als sie sich zum ersten Mal scheiden ließ, habe sie eine schwere Lungenentzündung bekommen. Heute stehe sie wieder im Trennungsprozess und damit vor ihrer zweiten Scheidung.

Sie schildert ihre körperlichen Symptome. Wir verabreden die zur Klärung notwendigen medizinischen Untersuchungen.

Aber das ist ihr nicht genug. Übergangslos schildert sie ihr Grundproblem; dass sie immer zu schnell handle, ohne vorher mit sich zu Rate gegangen zu sein, ob dieses Handeln auch ihrem ureigenen Interesse entspräche.

Dann geht sie zu ihrer jetzigen Trennungssituation über und wirkt dabei sehr betroffen.

Ich aber kann nur wenig zuhören, so dass ich jetzt bei der Niederschrift auch gar nicht mehr weiß, was sie eigentlich sagt. Ich weiß nur, dass ich sie unterbrechen muss:

»Sind Sie sicher, dass Sie jetzt wirklich darüber sprechen wollen? Haben Sie das für sich überprüft?«

Sie ist verblüfft und sagt nach längerer Pause erleichtert, ohne jeden Zweifel:

»Nein. Ich möchte nicht darüber sprechen.«

Einen Moment noch sitzen wir beide zusammen, schweigend und sehr zufrieden.

Merkzettel und Denkzettel

Uns Praktikern sind sie gut bekannt: Mehr oder weniger verschämt kommen manche Patienten mit einer Art Einkaufszettel in die Praxis, klammern sich daran fest und gehen ihn dann Punkt für Punkt durch. Oft steht, falls sie hinterher einkaufen gehen, wirklich nach dem Blutdruck und dem Fußpilz auch noch die Kalbsleberwurst drauf.

Diese Merkzettel sind sehr gefürchtet. Es stehen darauf weit mehr Stichpunkte, als der Patient sich merken kann, weswegen er ja den Zettel braucht – so empfindet es jedenfalls unsere ärztliche Angstphantasie.

Heute kommt Herr Christ. Groß gewachsen, mit mehr als schulterlangen blonden Haaren und schütterem Vollbart sieht er wirklich aus wie Christus. Er kommt mit zwei großen Merkzetteln in die Praxis, beide vom Computer ausgedruckt, beide identisch. Einen schiebt er zu mir herüber, den anderen legt er vor sich auf den Tisch.

Da sitzen wir nun beide und haken die Punkte der Reihe nach ab:

Befinden gut – befriedigend, manchmal unzufrieden mit den Jahren 1990 bis 1994. Freundin zum Studieren in Bonn beim Nachholen des Lehrerexamens im Januar und März neben der Arbeit.

Fragen
1. *a) Blutfette*
    b) Zusammenhang zwischen Zucker, Rückenschmerzen und Niere

c) Spricht etwas dagegen, auf Zucker zu verzich-
ten?

2. *a) Vielleicht alle 3 Tage 50mal Aufstoßen pro*
Stunde

b) in den letzten Wochen (aber auch schon öfters,
eigentlich seit Jahren) zuweilen leichte bis mitt-
lere Schmerzen vor allem linker oberer Brust-
korb nahe Schulter (besonders nach langer kon-
zentrierter Arbeit)

c) 3–5mal pro Nacht aufs Klo

d) trockenes rechtes Nasenloch (z. Zt. nicht aktu-
ell)

e) in den letzten Wochen Auftrittsschmerzen im
linken Fuß

f) unbegründet (?) trockener Husten, vielleicht
alle 3–5 Tage, oft nachts

3. *Geräuschempfindlichkeit, besonders gegenüber*
lauten Essgeräuschen, bei Konzentration und
Müdigkeit, eigentliches Problem liegt aber da-
rin, dass meine Freundin meine für mich er-
folgreichen Bemühungen, die Geräuschemp-
findlichkeit zu mildern, als Beeinträchtigung
ihrer Freiheit empfindet.

Soweit der Computerausdruck, den wir mit Ver-
gnügen und erstaunlich schnell bis Punkt 2.f) erledigen.
Das zentrale Thema des Gesprächs aber betrifft
Punkt 3., also den letzten Satz des Merkzettels.
Die Freundin von Herrn Christ isst beim Fernse-
hen gerne Erdnüsse. Das kann Herr Christ nicht
aushalten. Er tönt mit einem Apfel dagegen, und

es gelingt ihm. Er hört die Erdnüsse nicht mehr und ist zufrieden. Gleichzeitig fasst seine Freundin das als Denkzettel auf und beschwert sich über die Beeinträchtigung ihrer Freiheit, Erdnüsse zu essen.

Er ist ratlos. Ich meine, er könne vielleicht gleich bei Auftreten der ersten Erdnusskaugeräusche mit seiner Freundin sprechen, anstatt selber in den sauren Apfel zu beißen.

Die falsche Methode

Es war einmal ein Patient – lange ist es her – mit lockigem blonden Haarschopf, ein hübscher Kerl mit warmen blauen Augen, der dringend eine Psychotherapie und jemanden zum Reden suchte. Ich schickte ihn von Therapeut zu Therapeut, und nie klappte es: der eine hatte keine Zeit, der zweite verstand ihn nicht, der dritte war ihm nicht sympathisch, der vierte wendete die falsche Methode an und so weiter.

Aber jedes Mal, wenn er bei mir war, blieb es nicht bei einer erneuten Überweisung zu einem anderen Therapeuten, sondern es entstand immer ein Gespräch zwischen uns. Diese Gespräche waren mir sehr wertvoll, weil Volker – wir duzten uns – aus der Tiefe seiner Seele heraus sprach und ich meist sehr berührt war. Ich hatte ein gutes Gefühl bei diesen Gesprächen. Volker war tief traurig, so sehr auf einer verzweifelten Suche nach sich selbst, so gesprächsbedürftig im Hier und Jetzt, dass ich diese Überbrückung, bis Volker einen Therapeuten gefunden haben würde, für notwendig und wertvoll hielt. Aber es bedrückte mich, dass ich nicht genug Zeit für ihn hatte. Denn oft sagte er nach einer dreiviertel Stunde Gespräch verzweifelt:

»Jetzt bin ich heute wieder nicht dazu gekommen zu sagen, was ich sagen wollte!«

Ich hielt das nicht aus, und so hatte ich eines Tages eine verrückte Idee. Ich könnte ihm doch einmal einen ganzen Vormittag, den ich sonst für

Hausbesuche nutzte, einräumen, damit er endlich dazu käme, mir zu sagen, was er eigentlich sagen wollte.

Volker ging begeistert darauf ein. Pünktlich um acht Uhr morgens war er am nächsten Dienstag da. Wir sprachen bis 13 Uhr miteinander, und es war ein wichtiges, sehr tief gehendes, bewegendes Gespräch für mich. Als Volker mir die Hand zum Abschied gab, sagte er:

»Jetzt bin ich heute wieder nicht dazu gekommen zu sagen, was ich sagen wollte!«

Wollen wir Freunde bleiben?

Vor acht Monaten haben wir gemeinsam eine mühevolle Gewichtsabnahme-Kur begonnen, Herr Wollewein und ich. Das heißt, er hat sich Gewicht abgehungert, und ich habe ihn begleitet. Herr Wollewein isst gerne die gute deutsche kalorienreiche Küche: ein ordentliches Wurstbrot, ein paniertes Schnitzel mit Bratkartoffeln und so weiter. Darauf versuchte er nun zu verzichten. Nach drei Monaten sind wir glorreich gescheitert, trotz guter Vorsätze, wöchentlicher Gespräche, Essensprotokoll, vieler genauer Diätratschläge und Gewichtskontrollen.

Jetzt ist er wieder da; er braucht seinen Hausarzt für einen Kurantrag und für seine Hochdruckmedikamente. Kein Wort zu seinem Gewicht und dazu, dass er damals wegblieb.

Ich weiß schon, dass er darauf nicht angesprochen werden will, aber es juckt mich doch; teils aus Neugier, teils, weil ich so unausgesprochene Geschichten gefährlich für die Beziehung finde; teils, weil ich ihm Mut machen will, einen neuen Anfang zu finden.

Ich frage ihn scheinbar harmlos, wie früher innerhalb unseres Programmes auch:

»Auf die Waage?«

»Wollen wir Freunde bleiben?«, fragt er zurück.

Hypochonder

Nach dem ersten Tiefschlaf wache ich auf, ein jugendlich gebliebener sportlicher Arzt in seinen 50ern, gestresst, im besten Herzinfarktalter, der als Exraucher gestern drei Zigarillos geraucht hat, jetzt überdreht ist, und dem das Herz klopft. Ich warte auf den Schmerz im linken Brustkorb, den Hinterwandinfarkt, wie ihn Herr Antony, ein Patient von mir, gestern hatte.

Diese Beklemmung, dann diese Rhythmusstörungen: mal ist der Herzschlag zu langsam, mal zu schnell, aber wenn ich den Puls fühle, ist wieder alles normal.

Da liege ich, werde immer wacher und kämpfe gegen einen Konflikt: Ich will zugleich schlafen und nicht schlafen. Ich will meinen Tod nicht verschlafen. Immer wacher werdend denke ich: »Nie wieder Zigarillos.«

Schließlich schlafe ich (mit blauem Pillchen) doch ein und wache ohne Infarkt wieder auf. Während ich hier schreibe, spüre ich wieder die Beklemmung im linken Brustkorb, aber weniger heftig.

Zwölf Tage später kann ich wieder nicht schlafen; diesmal handelt es sich um hypochondrische Magenkrebsangst wegen leichten Aufstoßens. Am nächsten Morgen gestatte ich mir trotz aller Hypochondrie eine Magenspiegelung. Es ist Magenkrebs.

Sechs Hände

Frau und Herr Brahm sind da. Frau Brahm stammt aus Zentralafrika und hat ganz gute Deutschkenntnisse. Sie sagt nichts. Herr Brahm als deutscher Wirtschaftsmanager ergreift dafür gleich das Wort und erklärt, was passiert ist. Seine Frau ist durch eine Blutkonserve in ihrem Heimatland HIV-positiv geworden, was bei einer tropenhygienischen Routineuntersuchung am Freitag herausgefunden wurde. Sie möchten, dass ich zur Sicherheit eine Kontrolle machen lasse.

Sie sagt nichts, aber sie seufzt und blickt zu Boden.

Da bricht es einfach aus mir heraus:

»Ich weiß, dass die Welt für Sie an diesem Wochenende zusammengebrochen ist. Ich habe das Gleiche am eigenen Leib erlebt und auch zum gleichen Zeitpunkt. Am Freitag habe ich erfahren, dass bei mir ein Tumorwert im Blut nach einer Magenkrebsoperation angestiegen ist und eventuell Metastasen wachsen.«

Wir weinen beide und der Ehemann weint auch, und wie selbstverständlich wachsen sechs Hände auf dem Tisch zusammen.

Während ich dies schreibe, weine ich wieder, und es ist gut so.

Auf Patientenfang

Einen Yoghurt in der Hand mache ich Pause bei
der Arzthelferin vorne in der Anmeldung. Das
Wartezimmer ist leer, auch im Flur und in der Anmeldung kein Patient. Wie jeden Kleingewerbe-
treibenden überfällt mich ein bisschen die Angst:
Und wenn jetzt keiner mehr käme?

Es klingelt: Oh, doch ein Patient, welch ein
Glück! Aber nein, es ist nur die Postbotin. Sie legt
uns einen Packen Briefe auf den Tisch. Ich sage
im Spaß:

»Ich bin arbeitslos – wollen Sie nicht Patientin
hier werden?«

Leicht empört antwortet sie:

»Ich bin Patientin hier!«

Das schnelle Geld

Jakob kommt in die Praxis, offensichtlich von seiner Mutter geschickt, die hier Patientin ist.

Er hat die teuersten Klamotten lässig um seinen 18-jährigen Körper gehüllt und erweckt den Eindruck, als ob er mit den Schlüsseln seines Porsche spielen würde, um gleich nach dem Termin wieder davon zu brausen.

Er brauche ein Attest für sein Fehlen letzte Woche, sonst flöge er von der Schule; die letzte hier, von der er noch nicht geflogen sei. Aber das Attest sei ihm auch egal. Nach der Schule bekomme er doch keine Lehrstelle, und wo könne er so schnell so viel Geld verdienen wie jetzt: als Dealer?

Ich rede ihm ins Gewissen, wie es alle Erwachsenen tun. Er hört mich höflich lächelnd an.

Man müsste ihm Grenzen setzen.

Das hält man im Kopf nicht aus

Ein Aspirin nach dem anderen habe ich einge-
worfen. Ohne Wirkung. Seit gestern Mittag quält
es mich, da hat es schlagartig eingesetzt. An der
Stirn, an den Schläfen, zwischen Nacken und
Hinterkopf, reifenartig um den ganzen Kopf
herum. Nein, Sehstörungen habe ich nicht und
übel war und ist mir auch nicht. Ich brauche
dringend ein stärkeres Schmerzmittel. Und ein
Attest für die Schule.
Sie fragen, was die Kopfschmerzen ausgelöst
haben könnte?
Ich bin gestern zu Hause ausgezogen. Nein,
nicht ganz ausgezogen, nur zu meinem Freund.
Ich habe Krach mit meiner Mutter. Wir haben so
oft Krach. Ich mag nicht mehr streiten. Immer
wenn es ihr schlecht geht, muss sie es auf uns
abladen, wir müssen das dann ausbaden. Wir,
meine kleine Schwester Kerstin und ich. Kerstin
kann das ganz gut: sie widerspricht nicht, lässt es
über sich ergehen; versucht, sich unsichtbar zu
machen. Aber ich halte das nicht aus, wenn
meine Mutter irgendeine Kleinigkeit zum Anlass
nimmt, mit mir zu schimpfen. Wenn ich nicht
auf sie mit dem Essen warte, faucht sie mich an.
Warte ich dann das nächste Mal, fragt sie mich
wütend, warum ich denn warten würde. Kaufe
ich nicht ein, bin ich faul. Kaufe ich doch ein,
kaufe ich das Falsche ein. Ich lasse mir das nicht
mehr bieten. Aber dann endet alles in einer
Schreierei, die ich nicht aushalte. Und dann muss

ich wieder ein paar Tage zu meinem Freund ziehen. Nein, gegen den hat sie nichts, aber manchmal denke ich, sie gönnt mir nicht, dass es mir mit ihm gut geht, wenn sie zum Beispiel sagt, ich soll ihn nicht so verwöhnen und nicht immer so lieb zu ihm sein. Nur deshalb, weil sie mit ihren Männerbeziehungen nicht zurecht kommt, muss sie mir meine doch nicht mies machen. Ich könnte in eine Jugend-WG ziehen, dann wäre ich endlich die Streitereien mit ihr los, und ich müsste auch nicht mit ansehen, wie sie abends mit ihren verschiedenen Freunden säuft. Ich finde das nicht gut, vielleicht trinkt sie auch zu viel. Aber das könnte ich ihr schon gar nicht sagen, da wäre die Hölle los. Ich mache mir echt Sorgen um sie. Vielleicht muss sie alles nachholen, was sie mit 17 versäumt hat. Jetzt hat sie sich wieder mit ihrem Ex-Freund zusammengetan; vielleicht ist sie deshalb so schlecht drauf. Nein, Jugend-WG geht nicht, ich hänge zu sehr an ihr, und ich kann meine Schwester nicht im Stich lassen, ich muss wieder zurück. Aber dann geht die Streiterei von vorne los, egal, wie ich mich verhalte. Ich weiß nicht, was ich machen soll, das macht mir wirklich Kopfschmerzen. Ich glaube, ich schreibe ihr einen Brief.

Das posthume Geschenk

Klaus Lippen kenne ich nun schon siebzehn Jahre. Herrn Lippen, der aufgrund einer schweren Stoffwechselkrankheit einen schlimmen, komplizierten Herzklappenfehler hatte. Damals war es mit den Herzoperationen in Deutschland noch nicht so weit. Ich unterstützte ihn deshalb gegen den Widerstand seiner Krankenkasse, die in London notwendige Operation zu finanzieren. Letztendlich wurde alles bezahlt: Flug, Begleitung, Krankenhausaufenthalt, Operation.

Über die Jahre hin sind wir Freunde geworden. Wir duzen uns und haben viel Intimes besprochen und Probleme gelöst, die nicht unmittelbar mit hausärztlicher Medizin zu tun hatten. Zum Beispiel habe ich ihm einen Platz als Oboist in einem Laien-Sinfonieorchester vermittelt, und in langen Beratungsgesprächen ging es immer wieder um die Frage, wie Klaus endlich eine Freundin finden könne.

Die Stoffwechselkrankheit hat zu äußerlichen Veränderungen geführt. Er hat dadurch einen viel zu langen Kopf und auffällig schlaksige Glieder. Er leidet sehr darunter, dass die meisten Frauen trotz gegenteiliger Beteuerungen doch von ihm abgestoßen sind. Dabei hat er eine so warmherzige Natur, dass man ihn einfach gern haben muss. Er war ein halbes Jahr nicht bei mir und weiß daher nicht, dass ich Magenkrebs hatte, der inzwischen radikal operiert worden ist, und dass ich dadurch nur begrenzt lebens- und arbeitsfähig bin.

Er strahlt mich an und erzählt mir, dass er frisch verliebt sei und diesmal doch die Hoffnung habe, dass etwas daraus werde. Plötzlich aber mustert er mich und spricht mich auf meinen Gewichtsverlust an:

»Wolltest du so stark abnehmen, Thomas?«

Ich sage ihm besser gleich die Wahrheit:

»Nein, ich hatte Magenkrebs.«

Da fällt Klaus das lange Gesicht herunter, als ob ein Vorhang von der Vorhangstange fiele, und er beginnt zu weinen. Ich tröste ihn, schließlich ginge es mir schon wieder besser und es bestehe berechtigte Hoffnung, dass ...

Aber seine Tränen tun mir gut.

Dann hellen sich seine Augen auf und er sagt lachend:

»Ich werde dir etwas schenken, und ich weiß auch schon was!«

Damit verlässt er mich.

Für immer. Zwei Monate später lese ich seine Todesanzeige und jetzt weine ich. Seine Angehörigen erzählen mir, er sei mit einer neuen Herzkomplikation in die Klinik gekommen und habe die Operation nicht überlebt.

Wieder zwei Monate später bekomme ich einen Brief:

»Sehr geehrter Herr Dr. Ripke,
ich bin eine Freundin von Klaus Lippen, der einer Ihrer Patienten war. Er ist vor kurzem gestorben.
Ich bin Fußreflexzonentherapeutin.
Vor ungefährt drei Monaten hat Klaus einen Gutschein für eine Reflexzonenbehandlung bei mir er-

standen, den er Ihnen als Dankeschön für alles, was Sie für ihn über die Jahre getan haben, geben wollte.
Es hat ihm sehr Leid getan, dass es Ihnen nicht gut ging.
Klaus hatte zwar den Gutschein schon von mir bekommen, aber ich glaube nicht, dass er noch die Gelegenheit gefunden hat, ihn Ihnen zu geben. Klaus hatte in der letzten Zeit so wenig Kraft, bevor er zusammengebrochen ist.
Ich würde Ihnen gerne die Fußzonenreflexbehandlung geben.
Sie können mich telefonisch unter . . . erreichen.
Mit freundlichen Grüßen
Carolin Recker.«

Heute hat mich Frau Recker besucht und mich in meinem Behandlungszimmer behandelt. Sanft und liebevoll hat sie meine Füße gestreichelt, gedrückt und massiert, so dass eine tiefe Ruhe über mich kam.

Hinterher haben wir Klaus gedankt; sie dafür, dass sie mich behandeln durfte, ich dafür, dass es mir dadurch so gut ging.

Zwei Jahre später:

Bei einer Kur ließ ich mir vor ein paar Tagen, ohne dass mir diese Geschichte dabei in den Kopf kam, eine Ayurveda-Fußmassage geben. Als die tiefe Ruhe wieder über mich kam, war Klaus wieder da.

Der Indianerhäuptling

Herr Gräulich hat seit Jahrzehnten Asthma. Heute ist er aber wegen einer akuten Grippe gekommen. Man muss dazu wissen, dass jeder Infekt ein Asthma verschlimmern kann. Aber Herr Gräulich beruhigt mich; er hat sein Asthma voll im Griff, u. a. mit der Klopfmassage.

Klopfmassage, wie geht denn das?

Herr Gräulich steht auf. Er ist groß, ich muss zu ihm aufblicken. Dann holt er tief Luft, skandiert ein aaaaaahhhhhh, das so lang wie sein Ausatmen ist und klopft sich dabei wie ein Indianerhäuptling mit beiden Fäusten rhythmisch und schnell auf die Brust, dass daraus ein ah-ah-ah-ah-ah-ah wird. So löst sich der Schleim, erklärt er mir.

Noch besser ist es, sagt er weiter, wenn man einen Partner hat, der das Gleiche auch auf dem Rücken macht.

Ich nehme mir gerade vor, anderen Patienten diese Methode vorzuführen, vielleicht als Alternative zu den umstrittenen medikamentösen Schleimlösern, da sagt Herr Gräulich:

Aber seien Sie vorsichtig, diese Methode Patienten mit früherem Herzinfarkt anzuraten!

Zu Risiken und Nebenwirkungen fragen Sie Ihren Patienten.

Die Blätter der Platanen

Die 86-jährige Frau Gehn, eine stattliche über 1,80 m große, aber leider sehr depressive alte Dame, begleite ich seit vielen Jahren. Sie erzählt mir, dass es ihr im Herbst und Winter seelisch immer besser gehe als im Frühling und Sommer.
Ich wäre nie auf die Ursache dafür gekommen. Ihre Wohnung liegt einen Häuserblock weiter als das Haus, in dem meine Praxis ist. Dazwischen stehen einige Platanen. Die Blätter dieser Bäume verhindern in der warmen Jahreszeit den Blickkontakt von Frau Gehn zur Praxis. Der von Blättern ungestörte Blickkontakt im Spätherbst und Winter tröstet Frau Gehn Tag für Tag.

Eine Geschichte aus meinem ›inneren Sprechzimmer‹:

Auch ich bin Patient, chronischer Krebspatient. Natürlich tue ich einiges dagegen, aber auch dafür: Ich begreife die Krankheit nicht nur als Bedrohung, sondern auch als Weg, als Chance, als Bereicherung.

So habe ich das Thema »Ein Arzt wird auf besondere Art krank; ein kranker Arzt ist ein besonderer Arzt« zu meinem Spezialthema gemacht, habe dazu einen grundlegenden Artikel im Deutschen Ärzteblatt veröffentlicht, in dem ich mich als Krebspatient zu erkennen gebe. Zu diesem Thema halte ich außerdem Vorträge und leite Fortbildungskurse.

Bei einer Literaturrecherche stoße ich auf ein Buch von A. Grotjahn: »Ärzte als Patienten«, erschienen 1929. Ich schlage das Buch an einer beliebigen Stelle auf. Die zufällige Wahl fällt auf die Seite 114, und ich fange an zu lesen:

»Seine selbsterlebten Erfahrungen bei der Entwöhnung von Morphinismus schildert H. Ripke ...«

Es folgt diese Schilderung. Mein Vater hat das schon vor siebzig Jahren getan – das Tabu gebrochen, dass Ärzte über ihre Krankheiten schweigen. Ich traue meinen Augen nicht: ich bin ein Kettenglied in einer Familientradition, von der ich bisher nichts gewusst habe.

A bis Z im Sprechzimmer

Herr **A**. fängt an zu weinen. Ich sehe ihn an. Er steht auf, verkriecht sich in einem Sessel weit weg vom Tisch und von mir und weint weiter.

Frau **B**. hat ein Problem. Ihr Baby hat auch eins und fängt an zu stören. Deshalb läuft sie im Sprechzimmer wie in einer großen Zelle hin und her; das Baby beruhigt sich. Wir reden miteinander, während wir im Raum spazieren gehen, immer hin und her.

Herr **C**. setzt sich nicht an den Tisch, sondern wie selbstverständlich auf den Parkettboden, um besser geerdet zu sein. Ich setze mich dazu und erlebe mein Zimmer ganz neu.

Frau **D**. und Herr **E**. bleiben stehen; sie wegen Hämorrhoiden, er wegen Hexenschuss. Unser Stehkonvent hat Ähnlichkeit mit einem Cocktailempfang.

Frau **F**., jung und sportlich, hat Rückenschmerzen, die vielleicht vom häufigen Violinespielen herrühren. Um mir ihre Körperhaltung dabei vorzuführen, steht sie mit entblößtem Oberkörper mitten im Sprechzimmer und spielt eine Bach-Violinsonate an. Hinter ihr stehend begutachte ich dies mit Genuss.

Herr **G**. steuert bei jedem Besuch zielstrebig seinen Stuhl am Tisch an, rückt ihn dann aber von mir weg. Den Blick ins Grüne gerichtet fängt er an zu reden. Ich sehe ihn an.

Frau **H.**, verliebt in mich, springt am Ende des Gesprächs auf und versucht, mich zu umarmen. Ich tauche unter ihren Armen durch und renne um den Tisch davon.

Herr **I.** eröffnet das Gespräch wortlos: er streckt mir seine Zunge entgegen. Ebenso wortlos schaue ich ihm in den Hals. Sein Beruf: Philosophieprofessor. Sein Aussehen: Einstein.

Frau **J.** fragt mich immer als erstes, wie es mir gesundheitlich geht und erhebt eine richtige kleine Krankheitsgeschichte. Erst danach wendet sie sich zufrieden sich selbst zu.

Frau **K.** sagt den Arzthelferinnen, sie müsse für zwei Minuten allein in meinem Sprechzimmer sein. Nach diesen zwei Minuten hakt sie mich unter und führt mich herein. Sie hat (an einem x-beliebigen Tag) einen Geburtstagstisch für mich aufgebaut, mit Geschenken wie Kugelschreiber, Mozartkugeln, Blumen, brennender Kerze. Ab sofort, sagt sie, hast du zweimal im Jahr Geburtstag; einmal regulär und einmal für mich. Das wiederholt sich seither jedes Jahr.

Herr **L.** setzt sich immer wieder in der dunklen Nische auf die braunlederne warme Untersuchungsliege. Ich sitze dann neben ihm. Eines Tages sagt er: »Und heute probieren wir den Tisch im Licht aus.«

Frau **M.** packt einen Photoapparat aus und lässt sich mit mir Arm in Arm per Selbstauslöser fotografieren. Danach geht sie wieder.

Herrn **N.** ist gerade Blut abgenommen worden. Im Weggehen aus der Praxis wird er ohnmächtig (er kann kein Blut sehen) und fällt mit der Tür ins Haus; die Tür meines Sprechzimmers, schon etwas alt in diesem Jugendstilhaus, stürzt samt Rahmen mit ohrenbetäubendem Krach mitten in den Raum, weil er dagegen gefallen ist. Dann ist alles still und Herr N., auf dem Türblatt liegend, kommt langsam wieder zu sich.

Frau **O.** kommt mit Bällen ins Sprechzimmer und bringt mir das Jonglieren bei.

Frau **P.** dagegen holt ›Menschärgerdichnicht‹ heraus und fragt mich, welche Farbe ich will.

Herr **Q.** sagt Guten Tag und schweigt. Dann ergreift er ein Stück Papier, schreibt darauf einen Satz und schiebt es zu mir 'rüber. Ich schreibe eine Antwort und schiebe es zurück. So geht das einige Termine lang, bis er anfängt zu sprechen.

Frau **R.** sagt, sie habe kein Problem, sie habe mich einfach nur mal sehen wollen.

Herr S. stellt ein Tonbandgerät auf den Tisch, schließt das Mikrofon an und drückt die Aufnahmetaste. Dann beginnt er das Gespräch.

Frau T. knipst mein Deckenlicht aus; das sei Energieverschwendung.

Bei Herrn U. klingelt's. In aller Ruhe führt er kurz sein Handy-Gespräch und ist dann wieder ganz bei mir.

Frau V. schildert mir ihre Rückenverspannungen, und damit ich sie besser begreife, begreift sie wie selbstverständlich meinen Rücken dort, wo es ihr weh tut.

Herr W., ein ordentlicher Mann, sitzt da und schildert sein Problem. Plötzlich fallen unser beider Blicke auf eine große Spinne, die gemächlich über den Tisch läuft. Ich möchte sie totschlagen, aber in der Arztpraxis ist Lebensrettung angesagt, also fange ich sie und werfe sie aus dem Fenster. Herr W. amüsiert sich.

Frau X. hat sich einen langen Gesprächstermin am Ende der Sprechstunde geben lassen. Da Boris Becker gerade im Halbfinale in Wimbledon steht, lassen wir Termin Termin sein, und ich hole ein Fernsehgerät für uns zwei ins Sprechzimmer – das Gespräch kann warten.

Herr **Y.** möchte, dass ich ihm auf der Stelle eine Hautprobe entnehme und sie unter dem Mikroskop untersuche, damit wissenschaftlich nachgewiesen werde, dass die Haut vom Bären stamme. Damit solle endlich allen gezeigt werden, dass er ein Bär sei. Ich lehne das ab, weil es sich um Körperverletzung handeln würde.

Frau **Z.** setzt sich zu meiner Überraschung auf einen anderen Stuhl als sonst immer: sie habe in meinem Buch[2] gelesen, die Patienten würden immer den gleichen Stuhl wählen.

2 Siehe Thomas Ripke, Patient und Arzt im Dialog, Praxis der ärztlichen Gesprächsführung, Thieme 1994

Otto Brink
Vitamine für die Seele
Heilende und heitere Geschichten
112 Seiten, gebunden
ISBN 3-87294- 816-4

Kleine Geschichte von Himmel und
Hölle, von Leiden und der Komik,
die allem Leben anhaftet. Der erfah-
rene Therapeut Otto Brink erzählt
von konflikthaften Lebenssituatio-
nen und den befreienden Momen-
ten des Aufbruchs und Neuanfangs.
Ein Buch für alle Freunde einer ver-
gnüglichen Lektüre, die inspiriert
und Mut macht. Mut zum Leben
und zur Veränderung.

PETER HAMMER VERLAG
Postfach 200963 · 42209 Wuppertal
www.peter-hammer-verlag.de